Marita Pabst-Weinschenk

Freies Sprechen in der Grundschule

Lehrer-Bücherei: Grundschule

Herausgegeben von
Reinhold Christiani und Klaus Metzger

Marita Pabst-Weinschenk

Freies Sprechen in der Grundschule

•

Grundlagen

•

Praktische Übungen

Cornelsen
SCRIPTOR

Die in diesem Werk angegebenen Internetadressen haben wir überprüft (Redaktionsschluss 30. November 2004). Dennoch können wir nicht ausschließen, dass unter einer solchen Adresse inzwischen ein ganz anderer Inhalt angeboten wird. Deshalb empfehlen wir Ihnen dringend, die Adressen vor der Nutzung im Unterricht selbst noch einmal zu überprüfen.

Nicht in allen Fällen war es uns möglich, den Rechteinhaber ausfindig zu machen. Berechtigte Ansprüche werden selbstverständlich im Rahmen der üblichen Vereinbarungen abgegolten. Wir bitten um Verständnis.

Cornelsen online http://www.cornelsen.de

Bibliografische Information: Die Deutsche Bibliothek verzeichnet diese Publikation in der Deutschen Nationalbibliografie; detaillierte bibliografische Daten sind im Internet über http://dnb.ddb.de abrufbar.

Dieses Werk berücksichtigt die Regeln der reformierten Rechtschreibung und Zeichensetzung.

5. 4. 3. 2. 1. Die letzten Ziffern bezeichnen
09 08 07 06 05 Zahl und Jahr der Auflage.

Redaktion: Katrin Oberländer, Köln
Umschlagfoto: David Ausserhofer, Berlin
Satz und Herstellung: Julia Walch, Bad Soden
Druck und Bindearbeiten: Clausen & Bosse, Leck
Printed in Germany
ISBN 3-589-05095-0
Bestellnummer 50950

Gedruckt auf säurefreiem Papier,
umweltschonend hergestellt aus chlorfrei gebleichten Faserstoffen.

Inhalt

4 Materialien als Kopiervorlagen

Worüber du frei sprechen kannst, das hast du verstanden.
Oder: Was du nicht wirklich verstanden hast, darüber kannst du auch nicht gut frei reden.

Vorrede

„Freies Sprechen“ – ist das überhaupt etwas für die Grundschule? Das mögen sich vielleicht einige Leserinnen und Leser fragen. Sollen Grundschülerinnen und Grundschüler nun schon anfangen, Referate zu halten? Ist das nicht eine Überforderung?

Sicherlich kann man in der Grundschule nicht dieselben Ansprüche an die Schülerinnen und Schüler stellen wie etwa in den weiterführenden Schulen oder sogar in der Weiterbildung. Und auch methodisch kann man in der Grundschule Rhetorik nicht so lehren, wie man sie älteren Schülerinnen und Schülern vermitteln würde.

Man weiß heute, dass der alte Spruch „Was Hänschen nicht lernt, lernt Hans nimmer mehr“ so nicht stimmt und wir lebenslanges Lernen fördern sollten. Bekannt ist aber auch, dass Kinder im Grundschulalter vieles schneller, spielerischer und damit leichter erwerben können. Und darum geht es. In der Grundschule sollten bereits wesentliche Grundsteine für das freie Sprechen gelegt werden, auf die später in den weiterführenden Schulen aufgebaut werden kann. Da die grundlegenden Erfahrungen aus der Kindheit die Kommunikationsbiografie jedes Menschen prägen, sollte man den Redeerfahrungen in der Grundschule sogar besondere Bedeutung beimessen. Je mehr positive Redeerfahrungen Schülerinnen und Schüler bereits in der Grundschule sammeln, desto leichter und besser werden sie ihre mündlichen Leistungen später ausbauen können. Selbstsicherheit beim Reden fängt bereits im ersten Schuljahr an. Dass dabei spielerische Übungen im Vordergrund stehen und alles altersangemessen besprochen wird, versteht sich von selbst.

Auch wenn das Schreiben- und Lesenlernen in der Grundschule im Vordergrund steht, muss die Sprech- und Gesprächskultur gepflegt werden. Schülerinnen und Schüler sollten bei Schuleintritt phonologisch korrekt sprechen können und grundlegende Gesprächsregeln kennen. Aber gerade das freie Sprechen vor einer Gruppe ist noch ungewohnt. Die Schulklasse ist neben dem Stuhlkreis aus der Kindergartengruppe die erste größere Gruppe, vor der gesprochen wird. Für die weitere Entwicklung der Sprechfähigkeiten ist es erforderlich, den Grundschülerinnen und Grundschülern Spaß, Routine und Sicherheit beim freien Sprechen zu vermitteln, damit sie ihre Unsicherheiten abbauen und Hemmungen erst gar nicht entstehen.

Übrigens: Schreib-, Lese- und Redeübungen können sinnvoll miteinander verbunden werden, wenn man z. B. über etwas berichten lässt, das vorher erlesen worden ist, oder wenn man auch die Vorbereitung von Stichwortzetteln als Schreibanlass einbezieht.

Freies Sprechen in der Grundschule ist ein Ziel der rhetorischen Bildung. Und das Sprechen in der Grundschule funktioniert prinzipiell nicht anders als das Sprechen von Erwachsenen, auch wenn man vielleicht geringere Ansprüche erhebt und andere methodische Wege beschreitet. Daher wird in diesem Buch zunächst von allgemeinen theoretischen Grundlagen der Rhetorik ausgegangen, denn sie gelten auch für das Sprechen in der Grundschule. Lehrpersonen, die das freie Sprechen lehren wollen, sollten diese Grundlagen kennen.

Darüber hinaus sollten Lehrerinnen und Lehrer sich auch ihrer Verantwortung bewusst sein, denn jede Unterrichtsstunde ist ein rhetorischer Prozess, der unbewusst immer auch die Schülerinnen und Schüler beeinflusst. Dabei spielt das Sprechvorbild der Lehrperson eine große Rolle. Da die normale Ausbildung an der Hochschule und im Seminar in der Regel nicht hinreichend auf die vielfältigen rhetorischen Aufgaben vorbereitet, bietet dieses Buch auch zahlreiche Anregungen und Hinweise für Übungen und Reflexionen zum eigenen Redehandeln für Lehrerinnen und Lehrer, bevor auf spezielle Übungen für die Grundschule eingegangen wird.

Beispiele von Übungen und Arbeitsblättern für die Grundschule runden diesen Band ab. Grundsätzlich sollten Lehrpersonen die Übungen, zu denen sie ihre Schülerinnen und Schüler anleiten wollen, immer selbst ausprobieren. Denn wer z. B. nicht selbst nach Bildkarten oder aus der inneren Anschauung heraus frei einen kleinen Vortrag halten kann, wird kaum seinen Schülerinnen und Schülern glaubhaft vermitteln können, dass es sich dabei um eine wichtige Fähigkeit handelt. Außerdem wird er ihnen kaum hilfreiche Hinweise geben können, wie man diese Fähigkeit erwirbt.

Grundlage der Überlegungen, was Lehrpersonen und Schülerinnen und Schüler in der Grundschulaltersstufe können sollten, ist der aktuelle Stand der Diskussion um die Bildungsstandards. Das, was die entsprechende Fachgruppe bei der Kultusministerkonferenz (KMK) erarbeitet hat und was die KMK im Dezember 2004 als Grundlage für die Lehrpläne in allen Bundesländern beschließt, wird hier berücksichtigt. Das Buch bietet zahlreiche Anregungen und methodische Hilfen, wie man im Bereich „Sprechen und Zuhören“ Unterricht machen kann, der auf solche Bildungsstandards vorbereitet.

Düsseldorf, im Mai 2004 *Marita Pabst-Weinschenk*

1 Theoretische Grundlagen

Rhetorik heute – mehr als nur schönes Reden

Rhetorik hat eine lange Tradition. Seit der Antike wird das Reden gelehrt. Neben der aristotelischen Logik, die bis heute grundlegend für die Argumentationslehre ist, und der sokratischen Gesprächsführung, die nach wie vor Lehrgespräche und Unterrichtskommunikation mitbestimmt, muss man hier vor allem das traditionelle Lehrsystem nennen, das fünf Arbeitsschritte umfasst:

- *inventio,* das Auffinden des Stoffes;
- *dispositio,* die Gliederung des Stoffes;
- *elocutio,* die sprachlich-stilistische Ausformung der Rede;
- *memoria,* das Auswendiglernen;
- *actio,* der Vortrag.

Ohne diese Traditionen ist die heutige Rhetorik nicht denkbar, auch wenn sie sich zum Teil bewusst davon absetzt. Man hat die „Notwendigkeit [gesehen], die überlieferte Folge gründlich umzudrehen“ (GEIßLER 1918, 30). Kommt man in der klassischen Rhetorik von der *inventio* über die *dispositio* zur *elocutio, memoria* und *actio*, so wird heute die Rede vielfach aus der *actio*, also im Sinne des Sprechdenkens aus der Sprechtätigkeit des Redners selbst entwickelt. Damit wird der Abstand zwischen Rede und lebendigem Alltagsgespräch aufgehoben (GEIßLER 1918, 24). Diese „Inversion der klassisch-antiken Rhetorik“ (PABST-WEINSCHENK 1993a, 44ff.) ist ein Fundament der modernen praktischen Rhetorik. Daneben orientieren sich einige Rhetorik-Ratgeber auch an den traditionellen fünf Arbeitsschritten, um „mit Methode zum Ziel“ zu gelangen, und verweisen sogar auf die seit der Antike bekannten Suchbereiche für das Auffinden von Argumenten und Materialien in der *inventio* (z. B. BÜNTING/PABST-WEINSCHENK 1999, 15ff.).

Anders als in der Sprachwissenschaft, in der die Beschreibung des Sprachsystems im Vordergrund steht, geht es in der Rhetorik immer um den Wirkungsaspekt. Man redet, um bestimmte Ziele zu erreichen. Man möchte, dass der Zuhörer etwas Bestimmtes denkt oder tut. Reden ist Handeln und dient selbst auch wieder der Handlungsauslösung. Diese pragmatische Betrachtung ist in der Rhetorik von Anfang an ein wesentlicher Aspekt. Intentionalität und Wirkung oder die Betrachtung von illokutionären Akten und der Perlokution, wie man heute in der linguistischen Pragmatik und Sprechakttheorie sagt, ist schon immer Bestandteil rhetorischer Praxis gewesen.

Da es in der Rhetorik also um die Handlungsauslösung geht, greifen alle Ansätze, die nur die schöne Form beim Reden betrachten, zu kurz. Sicherlich ist eine schöne Formulierung von Gedanken ein ästhetischer Genuss, aber man sollte das Augenmerk nicht zu sehr auf den Sprachausdruck richten. Denn beim Reden – anders als in der schriftlichen Kommunikation – wirken die Formulierungen immer nur im Zusammenhang mit der körpersprachlichen und sprecherischen Präsentation und sie repräsentieren die gedankliche Gliederung der Inhalte, die Art, wie der Zuhörer einbezogen wird und wie auf die Sprechsituation Bezug genommen wird. Die Zusammenhänge werden in der Redepyramide (siehe Seite 22ff.) ausführlich dargestellt. Wird zu viel Wert auf die Formulierung gelegt, führt das oft zu einer Blockierung des freien Sprechens. Will man wie beim Schreiben jede Formulierung auf ihre Genauigkeit und Passung überprüfen, gerät das Sprechdenken (siehe Seite 28ff.) ins Stocken.

Rhetorik umfasst nicht nur das Reden vor oder zu anderen, sondern auch das Reden mit anderen, die Gesprächsführung. Rede- und Gesprächsrhetorik haben gemeinsame Grundlagen. Man geht auch in der Rede-Rhetorik von einem dialogischen Konzept aus.

Monolog oder virtueller Dialog?

Dass man heute vielfach von „rhetorischer Kommunikation" spricht, verdeutlicht schon das kommunikativ-dialogische Grundverständnis. Man beschäftigt sich in der Rhetorik mit allen Prozessen handlungsauslösenden Sprechdenkens und Hörverstehens in den verschiedensten Gesprächs- und Redeformen. Dabei geht man davon aus, dass das Grundkonzept der mündlichen Kommunikation das Gespräch ist. Im Idealfall symmetrischer Kommunikation kann das Gespräch grundlegend bestimmt werden als „offener Prozeß des Antwortens und Fragens" mit vertauschbaren Rollen (Geißner 1979, 15). Die Gesprächsmöglichkeiten in einer Gesellschaft sind aber begrenzt durch die Anzahl der Gesprächsteilnehmer, die zur Verfügung stehende Zeit und die Komplexität der sozialen Beziehungen, so dass „Rede ... unvermeidlich" ist (Geißner 1979, 16). Es ist unmöglich, sich nur in Gesprächsprozessen zu artikulieren. Wir partizipieren ständig auch an Redeprozessen. Bei Reden wird der Prozess des Miteinandersprechens per Legitimation oder Delegation aufgehoben in ein Sprechen zu und vor anderen sowie für andere, also in asymmetrische Formen. Dennoch ist auch für jede Rede das *dialogische Prinzip* konstitutiv. Das Grundmuster des Gesprächs (Fragen, Antworten) kann deshalb auch als Orientierung beim Aufbau jeder Rede dienen (BARTSCH 1979):

> „Denn wenn auch für die Rede das Ziel gilt, ‚mentale oder reale Handlungen auszulösen', dann gibt es keine andere Möglichkeit, als so zu reden, daß die Hörer mitdenken können und – wenn sie die vorgeschlagenen, argumentativ begründeten oder plausibel erläuterten Handlungsziele akzeptieren – mithandeln. Dies fordert vom Redner bei der unaufhebbaren Sukzessivität der Rede, angemessen an die steuernden Faktoren der jeweiligen Situation, vor allem an die Verstehensfähigkeit der Zuhörer, eine sprachliche und sprecherische Ausdrucksweise, die den Hörer zum Mitdenken einlädt und zum Mithandeln freiläßt. Dies ist gemeint, wenn Rede ‚latent oder virtuell dialogisch' genannt wird ..." (GEIßNER 1979, 16)

Rede als virtueller Dialog sollte also auf Symmetrie hin angelegt sein, auch wenn die Sprechrollen nicht ohne weiteres austauschbar sind. Zwischen den Gesprächs- und Redeformen gibt es fließende Übergänge. Rededauer, Öffentlichkeitsgrad und Anzahl der Zuhörer sind keine verlässlichen Bestimmungsmerkmale dafür, ob es sich etwa um eine Kurzrede oder einen (längeren) Gesprächsbeitrag handelt.

In der Grundschule erscheint es deshalb sinnvoll, die Rede aus verschiedenen Gesprächsformen zu entwickeln, z. B. aus dem Erzählkreis oder als Bericht aus Kleingruppenarbeiten. Anders verhält es sich etwa in der Erwachsenenbildung: Dort ist die Schrittfolge „Von der Rede zum Gespräch" didaktisch sinnvoll (PABST-WEINSCHENK 1991).

Wirksamkeit versus Wahrheit

Die Sophisten, griechische Wanderlehrer und Rhetoren des 5./4. Jahrhunderts vor Christus, die durch Lehren zum erfolgreichen Reden und Handeln im Staat befähigen wollten, vertraten keine objektiven Maßstäbe für Wahrheit und Gerechtigkeit. Das vorrangige Kriterium zur Bewertung einer Rede war für sie deren Wirkung oder Erfolg. Sie ließen sich denn auch für ihre Lehre bezahlen. Diese Orientierung an der Wirksamkeit wird immer noch als Gegensatz zur Suche nach der Wahrheit aufgebaut. Dabei muss man jedoch aus heutiger Sicht einschränken, dass es die objektive Wahrheit nicht gibt. „Wie wirklich ist die Wirklichkeit?", fragte Watzlawick in seinem bekannten Buchtitel. Konstruktivistische Auffassungen haben uns gelehrt, dass jeder Mensch sich sein eigenes Bild von der Welt macht aufgrund seiner Erfahrungen und Lebensumstände und dass es nicht um Objektivität, sondern immer nur um Intersubjektivität geht. Andere Beteiligte müssen meinen Vorstellungen zustimmen, wenn sie Gültigkeit über meinen persönlichen Kreis hinaus erlangen sollen. Je mehr Personen aus ihrer jeweils subjektiven Sicht meinen Vorstellungen zustimmen können, umso größere intersubjektive Anerkennung und Gültigkeit erlangen sie. Intersubjektive Akzeptanz von Ideen beruht aber immer auf der wirksamen und für die anderen nachvollziehbaren Präsentation dieser Ideen.

Politische Bedeutsamkeit und Redelehre

War die Rhetorik in der Antike zunächst als Gerichtsrede politisch-pragmatisch bedeutsam, so wurde sie als Schulrhetorik umso systematischer, je weniger Einfluss man mit Reden nehmen konnte. Rhetorik kann sich nur in Freiheit entfalten, sie ist „untrennbar mit dem Schicksal der Demokratie verbunden [...]. Herrscht das Volk, regiert die Rede; herrscht Despotismus, dann regiert der Trommelwirbel [...]" (JENS 1983, 25).

Der Verfall der politischen Bedeutsamkeit der Rhetorik verändert das Lehrsystem: An die Stelle realer Redeanlässe tritt die Fiktion, es werden fingierte Reden geübt und fiktionale Texte auf ihren formalen Aufbau und die rhetorischen Figuren hin untersucht. Das Wirkungspotenzial wird dabei vor allem mit der *elocutio*, der sprachlich-stilistischen Ausformung der Rede, in Zusammenhang gebracht. So entsteht die literarische Rhetorik (z. B. LAUSBERG 1960; PLETT 1977; SCHANZE 1974), die als interpretative Figurenrhetorik neben der Aufsatzrhetorik bis heute den Deutschunterricht und das Studium wesentlich mitbestimmt.

Als „erschreckend" wird eingeschätzt, „daß diese Wiederbelebung der literarischen Rhetorik sich nach 1945 bei uns abspielte [...]. So, als ob nichts geschehen wäre. Als ob es nicht eine NS-Rhetorik gegeben hätte, die trotz aller in ihr vorkommenden Figuren etwas ganz anderes gewesen wäre als literarisch. Heißt das, daß auch die Rhetorik im Zuge der ‚kollektiven Verdrängung' (Mitscherlich) wieder in die Innerlichkeit des Literarischen zurückwich?" (GEIẞNER 1979, 11).

Dagegen wird heute wieder der politisch-pragmatische Aspekt besonders betont: „Die Rhetorik ist die älteste Kommunikationswissenschaft der Welt. [...] Wo keine selbstverständlichen Gewissheiten vorliegen, wo also Entscheidungen zu treffen sind, die der Zustimmung bedürfen, wo nicht Macht allein entscheidet oder formale Logik Schlüsse erzwingt, da ist der Ort der Rhetorik. Wenn das stimmt, dann ist der vornehmste Ort der Rhetorik tatsächlich die Demokratie" (Roman Herzog, Tübingen 08.07.1997, zitiert nach BARTSCH/MARQUART 1999, 42).

Mündigkeit durch Mündlichkeit

Gegen eine rein literarisch orientierte Auffassung, aber auch gegen eine sozialtechnologische Anpassung wird heute die Demokratiethese vertreten: Mündlichkeit leistet einen Beitrag zur Mündigkeit. Denn: „Mündig ist der, der für sich selber spricht, weil er für sich selbst gedacht hat und nicht bloß nachredet, der nicht bevormundet wird" (ADORNO 1971, 10). Aus diesem Verständnis heraus wird die Gesprächsfähigkeit zur globalen Zielsetzung der rhetorischen Kommunikation und der gesamten Sprecherziehung:

„Gesprächsfähig ist, wer im situativ gesteuerten,
personengebundenen,
sprachbezogenen,
formbestimmten,
leibhaft vollzogenen Miteinandersprechen
– als Sprecher wie als Hörer –
Sinn so zu konstituieren vermag,
daß damit das Ziel verwirklicht wird,
etwas zur gemeinsamen Sache zu machen,
der zugleich imstand ist,
sich im Miteinandersprechen
und die im Miteinandersprechen
gemeinsam gemachte Sache zu verantworten" (GEIßNER 1981, 129).

Rhetorik in der Schule

Rhetorik wird nicht erst in den 70er-Jahren durch den Impuls der Linguistik in die Schule und speziell in den Deutschunterricht getragen, sondern bereits zu Beginn des 20. Jahrhunderts entstehen von Seiten der Sprecherziehung und Sprechkunde/Sprechwissenschaft neue praktische Rhetorikkonzepte (PABST-WEINSCHENK 2003). Im Kontext der Reformpädagogik, speziell der Kunsterziehung und Arbeitsschulbewegung, gelangen diese sprecherzieherischen Ansätze in Schulkreise. Erich Drachs *Sprecherziehung*, die von der Erstauflage 1922 bis 1969 13-mal neu aufgelegt wird, macht die Grundlagen des sprecherzieherischen Konzeptes weiten Kreisen bekannt.

Drach hat ein geordnetes Lehrsystem für die Schule entwickelt. Dabei berücksichtigt er sowohl die künstlerische Vortragspraxis als auch didaktisch-methodische Ansätze und wissenschaftliche Erkenntnisse von der Sprach- und Völkerpsychologie über Phoniatrie und Logopädie bis hin zur idealistischen Sprach- und Literaturwissenschaft. Sein Konzept steht im Kontext der Deutschkunde und kann zwischen der Psychologie Wundts und der Sprachwissenschaft Pauls angesiedelt werden (PABST-WEINSCHENK 1993a; 1993b; 1994; 1995a; 1996; GEIßNER 1994; 1995; 1997).

Das Ziel, das Drach, angeregt durch die Kunsterzieherbewegung und den Arbeitsschulgedanken, vertritt, ist Erziehung zum Sprechen und Erziehung durch Sprechen. Damit wird die Selbsttätigkeit zum Vermittlungsprinzip nach der Devise *learning by doing*. Sprecherzieherischer Arbeitsunterricht leistet einen Beitrag zur inneren Sprachbildung und Kunsterziehung und trägt zur Persönlichkeitsbildung bei. Als Normen gelten dabei: lautrein, physiologisch richtig, ausdrucksstark, ungehemmt und ausdrucksrichtig. „Es ist ... erfahrungsgemäß völlig verlorene Mühe, allein für sich etwa ‚gesundheitliches Sprechen' oder ‚guten Gedichtvortrag' lehren zu wollen; Sprechen ist ein einheitliches Ganzes und kann nur als solches gepflegt werden" (Drach 1922, 3). Drachs Verständnis ist von Anfang an ganzheitlich. Er betrachtet das Sprechen sprachpsychologisch (Unterscheidung von psychologischem Subjekt und Prädikat im Sinne von Wundts analytischer Satzbildung) wie physiologisch (Atmung, Stimmbildung, Artikulation) und will es vom reproduzierenden Textsprechen (Gedichtvortrag, Leselehre, Sprechkunst) bis zum freien Sprechen (Erzählen, Berichten, Gespräch und Rede) lehren. Die aus der Phoniatrie und Logopädie bekannten Stimm-, Sprech- und Sprachstörungen dienen als Abgrenzung in seiner Sprechausdruckstypologie, die er ausdrücklich als *Anlernverfahren*, also als didaktische Typologie verstanden wissen will (Drach 1922, 59 ff.).

Für den Schulunterricht fordert Drach Sprecherziehung nicht als Fach, sondern als Unterrichtsprinzip. Damit wird die gesamte Unterrichtskommunikation in den Blick genommen. Drach gibt Lehrern bereits allgemeine Hinweise dazu, denn die formale und inhaltliche Sprechleistung steigt bzw. fällt mit der Sprechlust. „Gute Stimmung, Selbstgefühl, eine gewisse Sprechheiterkeit sind die Vorbedingung freien Sprachschaffens – Mißstimmung die Quelle der Einsilbigkeit" (Drach 1922, 102). Die Ursache für schlechte Sprechleistungen der Schüler sieht er vor allem darin, dass durch das Frage-Antwort-Spiel und den Zwang schnellen Antwortens kein echtes Gespräch entsteht (Drach 1922, 100). Deshalb empfiehlt er:

- echte Schülerfragen zu ermöglichen, denn sie fördern mehr als die Lehrerfragen;
- keine zerfasernde Vielfragerei seitens des Lehrers;
- Schüler anzuhören, nicht zu unterbrechen;
- statt paralleler Reihen zum Katheder Tische in Hufeisenform als Voraussetzung für das Gespräch (Drach 1922, 101);
- dem Schüler Zeit zum Sprechdenken, zur Vorplanung seiner Äußerung zu lassen (Drach 1922, 107);
- keinen Zwang zur Antwort im ganzen Satz (im grammatischen Sinn), da dies zur Echolalie führt (Drach 1922, 106 f.);

- nicht Mimik und Gebärden zu unterdrücken, da sonst das echte Erleben ausbleibt;
- keine motorischen Hemmungen durch Strammstehen usw. (DRACH 1922, 114; PABST-WEINSCHENK 1993a, 215).

Mit dem Aufleben reformpädagogischen Gedankenguts durch die kognitiv-konstruktivistische Wende in der Deutschdidaktik ist dieser traditionelle sprecherzieherische Ansatz heute wieder aktuell, wenn man Sprecherziehung umfassend als Befähigung zur mündlichen Kommunikation versteht (PABST-WEINSCHENK 1994a). Als Schlüsselqualifikation ist die Förderung der Kommunikationsfähigkeit ein wesentliches Ziel der Schule.

Grundlegende rhetorische Fähigkeiten

In der Rhetorik geht es um die Befähigung zum Sprechdenken und Hörverstehen in den verschiedensten Rede- und Gesprächsformen. Dabei sollte möglichst frei gesprochen werden. In Gesprächssituationen stellt das freie Sprechen selten ein Problem dar, das Hörverstehen dagegen schon öfter. In der Regel wird im Gespräch frei gesprochen, allenfalls anhand von Stichwörtern, die man sich z. B. im Verlauf des Gesprächs oder auch bei der Vorbereitung gemacht hat. Kaum einer kommt auf die Idee, in einem Gespräch Wort für Wort vorformulierte Sätze abzulesen, sieht man von Eingangsstatements in Debatten einmal ab. Diese haben aber bereits eher den Charakter einer Kurzrede. Wer sich auf das Sprechdenken bezieht, verfolgt als Ziel der Rhetorik das freie Reden im Unterschied zur wörtlich ausformulierten und auswendig gelernten oder abgelesenen Manuskriptrede.

„Eine Rede ist keine Schreibe!"

Mit diesem Ausspruch wies schon Theodor Friedrich Vischer, ein berühmter Rhetoriker des 19. Jahrhunderts, auf die Unterschiede zwischen Schreiben und Sprechen hin. Beim Sprechen wirken der Sprechausdruck und die Körpersprache mit dem Wortlaut zusammen und machen gemeinsam den Sinn der Äußerung aus. *Der Ton macht die Musik!* Je nachdem, wie eine Äußerung gesprochen wird, verstehen wir sie anders. Ein gesprochener Text wird vom Zuhörer anders verarbeitet als ein geschriebener vom Leser. Der Zuhörer muss dem Gedankenaufbau des Redners sofort folgen können, er kann nicht nachdenken oder zurückblättern und etwas noch einmal lesen. Er kann auch nichts überblättern; allenfalls kann er mit seinen Gedanken abschweifen, aber das will der Redner im Regelfall verhindern.

Am wirkungsvollsten ist die *freie Rede*. Der Redner hat den Stoff und die Gliederung klar im Kopf, einige Stichwortnotizen mit den wichtigen Begriffen auf seinem Konzept. Er formuliert frei, hat die Zuhörer im Blick und geht auf ihre Reaktionen ein. Aber nicht in jeder Situation ist es angebracht, frei zu sprechen. Manchmal ist der *genaue Wortlaut* wichtig, weil er als verbindlich gilt. Dann muss man die Formulierungen dem Redefluss anpassen, wie es Tucholsky in seinen Ratschlägen für einen guten Redner vorführt. In seinen Ratschlägen für einen schlechten Redner macht er sich dagegen lustig über einen Redestil, der von einer umständlich verschachtelten Schreibweise geprägt ist.

„Eine Rede ist keine Schreibe!" meint also nicht, dass man nichts schriftlich vorbereiten darf. Man kann, darf und soll immer Stichwortzettel mit der Gliederung und wesentlichen Formulierungen benutzen. Wenn man eine Rede schreibt, dann jedoch immer so, wie man spricht, damit es verständlich ist.

Verständlich reden, aber wie?

Zu lange Sätze können Zuhörer grundsätzlich schwerer verstehen und mitdenken. Außerdem sind sie schwer zu sprechen. Sie wirken auf Dauer oft langweilig. Schriftlich ausformulierte Texte lebendig vorzutragen, ist eine eigene Kunst.

Beim Sprechdenken verwendet man zumeist einfachere grammatische Formen als beim Schreiben. Das erhöht die Verständlichkeit. Der Satzbau ist abwechslungsreicher als bei schriftlichen Sätzen. Wenn man ein Tonbandprotokoll abschreibt, bemerkt man deutlich die Unterschiede. Schon die alten Griechen und Römer haben in ihrer Sammlung redewirksamer Formulierungen den Satzbruch, die Auslassung und die „Kurze Rede" berücksichtigt. Sie hatten erkannt, dass ein perfekt nach Schreibnormen formulierter Text langweilig ist. Beim Reden muss man also nicht immer in korrekten ganzen Sätzen sprechen. Baut man dagegen einige „Stolpersteine" ein, denkt der Zuhörer besser mit und lässt sich eher informieren oder überzeugen. Man sollte also keine Furcht vor dem freien Sprechen haben, selbst wenn die Formulierungen nicht so geschliffen wie beim Schreiben sind und auch mal Auslassungen oder Satzbrüche passieren. Es kommt auf die Gesamtwirkung an, nicht auf die Formulierung allein. Störend wirkt es nur, wenn jemand überwiegend in unvollständigen Sätzen redet.

Ein immer noch aktuelles Rhetorik-Programm mit *Donts* und *Dos* hat bereits Kurt Tucholsky 1930 in seinen Ratschlägen für einen schlechten und für einen guten Redner aufgestellt:

Ratschläge für einen schlechten Redner

Fang nie mit dem Anfang an, sondern immer drei Meilen vor dem Anfang! Etwa so: „Meine Damen und meine Herren! Bevor ich zum Thema des heutigen Abends komme, lassen Sie mich Ihnen kurz ...“. Hier hast du schon so ziemlich alles, was einen schönen Anfang ausmacht: eine steife Anrede; der Anfang vor dem Anfang; die Ankündigung, daß und was du zu sprechen beabsichtigst, und das Wörtchen kurz. So gewinnst du im Nu die Herzen und die Ohren der Zuhörer. Denn das hat der Zuhörer gern: daß er deine Rede wie ein schweres Schulpensum aufbekommt; daß du mit dem drohst, was du sagen wirst, sagst und schon gesagt hast. Immer schön umständlich.

Sprich nicht frei – das macht einen so unruhigen Eindruck. Am besten ist es: du liest deine Rede ab. Das ist sicher, zuverlässig, auch freut es jedermann, wenn der lesende Redner nach jedem Viertelsatz mißtrauisch hochblickt, ob auch noch alle da sind.

Wenn du gar nicht hören kannst, was man dir so freundlich rät, und du willst durchaus und durchum frei sprechen ... du Laie! Du lächerlicher Cicero! Nimm dir doch ein Beispiel an unseren professionellen Rednern, an den Reichstagsabgeordneten – hast du die schon mal frei sprechen hören? Die schreiben sich sicherlich zu Hause auf, wenn sie „Hört, hört!“ rufen ... ja, also wenn du denn frei sprechen mußt: sprich wie du schreibst. Und ich weiß, wie du schreibst. Sprich mit langen, langen Sätzen – solchen, bei denen du, der du dich zu Hause, wo du ja die Ruhe, deren du so sehr benötigst, deiner Kinder ungeachtet, hast, vorbereitest, genau weißt, wie das Ende ist, die Nebensätze schön ineinandergeschachtelt, so daß der Hörer, ungeduldig auf seinem Sitz hin und her träumend, sich in einem Kolleg wähnend, in dem er früher so gern geschlummert hat, auf das Ende solcher Periode wartet ... nun, ich habe dir eben ein Beispiel gegeben. So mußt du sprechen.

Fang immer bei den alten Römern an und gib stets, wovon du auch sprichst, die geschichtlichen Hintergründe der Sache. Das ist nicht nur deutsch – das tun alle Brillenmenschen. Ich habe einmal in der Sorbonne einen chinesischen Studenten sprechen hören, der sprach glatt und gut französisch, aber er begann zu allgemeiner Freude so: „Lassen Sie mich Ihnen in aller Kürze die Entwicklungsgeschichte meiner chinesischen Heimat seit dem Jahre 2000 vor Christi Geburt ...“. Er blickte ganz erstaunt auf, weil die Leute so lachten. So mußt du das auch machen. Du hast ganz recht: Man versteht es ja sonst nicht, wer kann denn das alles verstehen, ohne die geschichtlichen Hintergründe ... sehr richtig! Die Leute sind doch nicht in deinen Vortrag gekommen, um lebendiges Leben zu hören, sondern das, was sie auch in Büchern nachschlagen können ... sehr richtig!

Kümmere dich nicht darum, ob die Wellen, die von dir ins Publikum laufen, auch zurückkommen – das sind Kinkerlitzchen. Sprich unbekümmert um die Wirkung, um die Leute, um die Luft im Saale; immer sprich, mein Guter, Gott wird es dir lohnen.

Du mußt alles in die Nebensätze legen. Sag nie: „Die Steuern sind zu hoch.“ Das ist zu einfach. Sag: „Ich möchte zu dem, was ich soeben gesagt habe, noch kurz bemerken, daß die Steuern bei weitem ...“ So heißt das.

Trink den Leuten ab und zu ein Glas Wasser vor – man sieht das gern. Wenn du einen Witz machst, lach vorher, damit man weiß, wo die Pointe ist.

Eine Rede ist, wie könnte es anders sein, ein Monolog. Weil doch nur einer spricht. Du brauchst auch nach 14 Jahren öffentlicher Rednerei noch nicht zu wissen, daß eine Rede nicht nur ein Dialog, sondern ein Orchesterstück ist: eine stumme Masse spricht nämlich ununterbrochen mit. Und das mußt du hören. Nein, das brauchst du nicht zu hören. Sprich nur, lies nur, donnere nur, geschichtele nur. Zu dem, was ich soeben über die Technik der Rede gesagt habe, möchte ich noch

kurz bemerken, daß viel Statistik eine Rede immer sehr hebt. Das beruhigt ungemein, und da jeder imstande ist, zehn verschiedene Zahlen mühelos zu behalten, so macht das viel Spaß.
Kündige den Schluß deiner Rede lange vorher an, damit die Hörer vor Freude nicht einen Schlaganfall bekommen. Kündige den Schluß an, und dann beginne deine Rede von vorn und rede noch eine halbe Stunde. Dies kann man mehrere Male wiederholen.
Du mußt dir nicht nur eine Disposition machen, du mußt sie den Leuten auch vortragen – das würzt die Rede. Sprich nie unter anderhalb Stunden, sonst lohnt es gar nicht erst anzufangen. Wenn einer spricht, müssen die anderen zuhören – das ist deine Gelegenheit! Mißbrauche sie.

Ratschläge für einen guten Redner

Hauptsätze, Hauptsätze, Hauptsätze.
Klare Disposition im Kopf – möglichst wenig auf dem Papier.
Tatsachen, oder Appell an das Gefühl. Schleuder oder Harfe. Ein Redner ist kein Lexikon. Das haben die Leute zu Hause.
Der Ton einer einzelnen Sprechstimme ermüdet; sprich nie länger als vierzig Minuten.
Suche keine Effekte zu erzielen, die nicht in deinem Wesen liegen.
Ein Podium ist eine unbarmherzige Sache – da steht der Mensch nackter als im Sonnenbad.
Merke Otto Brahms Spruch: Wat jestrichen is, kann nich durchfalln.

Kurt Tucholsky, aus: Gesammelte Werke, Bd. 8, © Rowohlt, Reinbeck 1960, S. 290–292

Kriterien für Verständlichkeit

Das, was für den einen verständlich ist, begreift ein anderer noch lange nicht. Verständlichkeit ist abhängig vom Publikum, nicht nur von Alter und Bildungsstand, sondern auch von der Erwartungshaltung. Grundschulkindern muss man Sachverhalte anders erklären als Erwachsenen, und wenn man zu einem Fachvortrag geht, ist man aufmerksamer als bei einer Information zwischen Tür und Angel. Grundsätzlich gilt (vgl. dazu LANGER/SCHULZ VON THUN/TAUSCH 1974):

1. **Einfach sprechen** heißt:
   - kurze Sätze;
   - wenig Fremdwörter, keine Phrasen dreschen;
   - notwendige Fremdwörter und Fachbegriffe erklären;
   - wenig Floskeln und Füllwörter verwenden;
   - anschaulich und konkret sprechen, damit der Zuhörer sich alles besser vorstellen kann.
2. **Übersichtlich gliedern** heißt:
   - Absätze/Pausen machen;

- die Gliederung beim Informieren ankündigen;
- evtl. Abschnitte/Argumente mit Zahlen durchnummerieren;
- alles logisch, in der richtigen Reihenfolge aufbauen.

3. **Kurz sprechen** bedeutet:
   - auf wesentliche Punkte begrenzen, aber kein Telegrammstil;
   - Wiederholungen wesentlicher Punkte und Zusammenfassungen bei längeren Reden sind für das Verstehen und Behalten der Zuhörer wichtig;
   - Nebengedanken und zu persönliche Bemerkungen, Erlebnisse oder Erinnerungen weglassen.
4. **Hörerfreundlich** bedeutet, zum Zuhören und Mitdenken anzuregen durch:
   - direkte Anrede, nicht nur einmal am Anfang;
   - Formulierungen aus der Perspektive der Hörer (Sie/ihr/du);
   - lebensnahe, auch heitere Beispiele;
   - Erzählungen mit wörtlicher Rede statt nüchterner Berichte;
   - rhetorische Fragen als Zwischenüberschriften.

Verschiedene Redesorten

Geht man von allgemeinen kommunikationstheoretischen Überlegungen aus, so kann man mehrere Hauptzielrichtungen von Reden benennen. Ein Unterscheidungskriterium ist z. B. das jeweilige Vorherrschen einer der Zeichenfunktionen aus Bühlers Organonmodell. Herrscht in einer Rede die Appellfunktion vor, spricht man von einer Überzeugungsrede, herrscht die Ausdrucksfunktion vor, handelt es sich um eine Meinungsrede, und beim Vorherrschen der Darstellungsfunktion um eine Informationsrede. Doch alle Funktionen – Ausdruck, Darstellung und Appell – sind in jeder Äußerung vorhanden, sonst käme keine Verständigung zustande. Bei der Unterscheidung von Rede- oder auch Textsorten geht es also nur um die vorherrschende Zeichenfunktion. Ihr können ebenso Gebrauchstexte sowie die literarischen Gattungen zugeordnet werden.

vorherrschende Zeichenfunktion	**Redesorten**	**Gebrauchstexte**	**Literarische Texte**
Ausdruck	Meinungsrede	Kommentar, Schilderung	Gedicht; Lyrik
Darstellung	Informationsrede, Referat	Nachricht, Bericht	Erzählung; Epik
Appell	Überzeugungsrede	Werbung, Aufruf	Drama

Das Organon-Modell

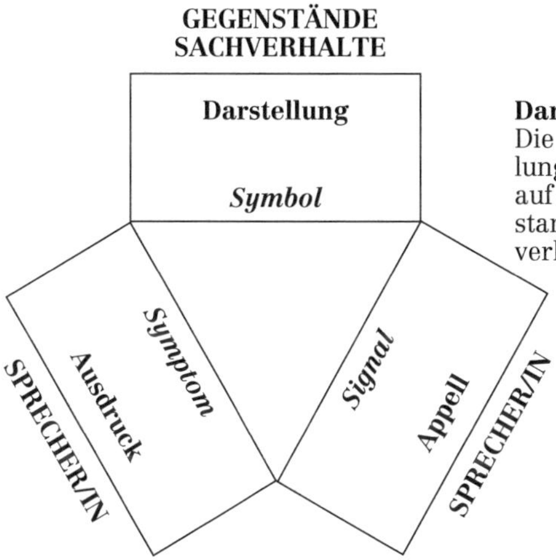

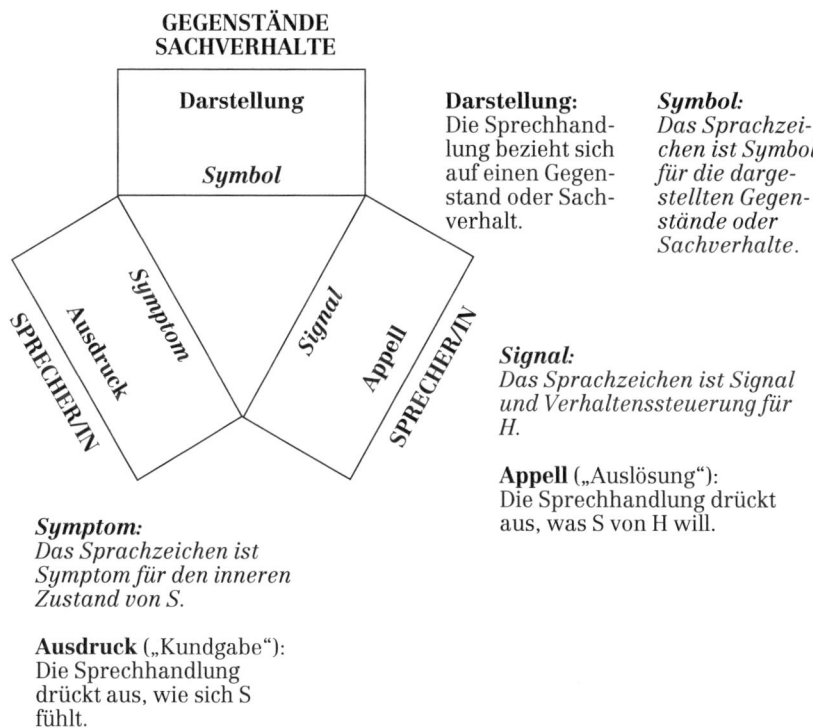

Darstellung:
Die Sprechhandlung bezieht sich auf einen Gegenstand oder Sachverhalt.

Symbol:
Das Sprachzeichen ist Symbol für die dargestellten Gegenstände oder Sachverhalte.

Signal:
Das Sprachzeichen ist Signal und Verhaltenssteuerung für H.

Appell („Auslösung"):
Die Sprechhandlung drückt aus, was S von H will.

Symptom:
Das Sprachzeichen ist Symptom für den inneren Zustand von S.

Ausdruck („Kundgabe"):
Die Sprechhandlung drückt aus, wie sich S fühlt.

Das Organon-Modell nach Karl Bühler (1934).

Je nach Redesorte lässt sich auch ein anderer Sprach- und Sprechstil beobachten. Herrscht der subjektive Ausdruck vor, werden viele Adjektive verwendet. Bei der Darstellung kommen mehr Substantive zum Einsatz und beim Appell schließlich überwiegen die Verben.
Sprecherisch tritt beim Vorherrschen der Ausdrucksfunktion die Melodieführung mit größeren Tonhöhenunterschieden in den Vordergrund. Das wirkt besonders emotional. Beim Vorherrschen der Darstellungsfunktion erfolgt die akustische Gliederung mit Tempo und Gestaltung der Pausen, was sachlich-nüchtern wirkt. Beim Appellieren dient als Gestaltungselement vor allem die Dynamik, also Lautstärkewechsel und Betonungen, die eine willensbezogene Wirkung ausüben.

Vom ersten Eindruck bis zur Persönlichkeitsbildung

Rhetorisches Handeln vollzieht sich auf mehreren Ebenen: Körpersprache und Sprechweise bestimmen den ersten Eindruck. Für gelingende Kommunikation ist darüber hinaus ein passendes dialogisches Inhaltskonzept wichtig, das man möglichst gut vorbereitet hat. Dabei gibt es keine Patentrezepte. Deshalb sollte man die grundlegenden Kriterien und Wirkungszusammenhänge erkunden, um nach den eigenen rhetorischen Erfahrungen in immer wieder neuen Situationen eigenständig sein Sprechhandeln steuern zu können.

Mündliche Kommunikation folgt eigenen Normen

Die Unkenntnis mündlicher Wirkungszusammenhänge fördert in unserer schriftlastigen Kultur und Schule die unkritische Übertragung von Normvorstellungen aus der schriftlichen Kommunikation auf das Mündliche. Dass dies oft kontraproduktiv ist, zeigt sich etwa an Wiederholungen, die beim schriftlichen Formulieren negativ vermerkt werden, beim Sprechen aber oft sinnvoll sind: Eine gewisse Redundanz gehört zum Reden, damit die wichtigen Punkte möglichst gut beim Zuhörer ankommen, außerdem trägt das Beibehalten gleicher Benennungen zur Verständlichkeit bei. So wird z. B. in Ratgebern über das Schreiben fürs Hören in den Medien immer empfohlen: „Wichtige Begriffe wiederholen!", und: „Eher keine sprachlichen Varianten, allenfalls ‚Er, sie, es'!" (WACHTEL 1997, 80).

Auch der gut gemeinte Ratschlag „Erst denken, dann sprechen!" stammt eher aus der schriftlichen Kommunikation. Beim Schreiben muss der Satzbau vorher gut überlegt werden, beim Sprechen dagegen vollzieht sich oft eine „allmähliche Verfertigung der Gedanken beim Reden", wie schon Kleist das freie Sprech(denk)en beschrieben hat (KLEIST 1805/06, 29f.).

Die Redepyramide: Faktoren beim Sprechen

Das didaktische Synopse-Modell der Redepyramide integriert drei Seiten: Präsentation (Seite 1), Inhaltskonzept (Seite 2) und Sprecher-Persönlichkeit (Seite 3). Diese drei Faktoren wirken immer zusammen und beeinflussen sich wechselseitig hinsichtlich der Wirkung und der Sprachproduktion. Je nachdem, welche Erfahrungen ein Sprecher in seiner bisherigen Kommunikationsbiografie gemacht hat und welche Haltungen er bestimmten Situationen, Personen und Sachverhalten gegenüber entwickelt hat, wird er seine Inhalte strukturieren und präsentieren. Verwendet jemand ein bestimmtes Inhaltskonzept wie z. B. eine sehr hörerbezogene, dialogische Redestruktur, beeinflusst das seine Präsentation und ermöglicht ihm neue Redeerfahrungen in seiner Kommunikationsbiografie, die vielleicht seine Haltung verändern können. Verändert jemand dagegen seine Präsentation, nimmt etwa eine offenere Haltung mit intensiverem Blickkontakt ein, führt das zu inhaltlich-strukturellen Veränderungen bis hin zu einem besseren Hörerbezug und der stärkeren Berücksichtigung von Hörerfragen. Auch das ermöglicht neue Erfahrungen in der Kommunikationsbiografie.

In der Redepyramide sind grundlegende Faktoren beim Sprechen jeweils am Fuß der Seite angesiedelt, also Körpersprache, Kommunikationskonzept und Persönlichkeit. Sie wirken sich auf die jeweils höher liegenden Aspekte aus.

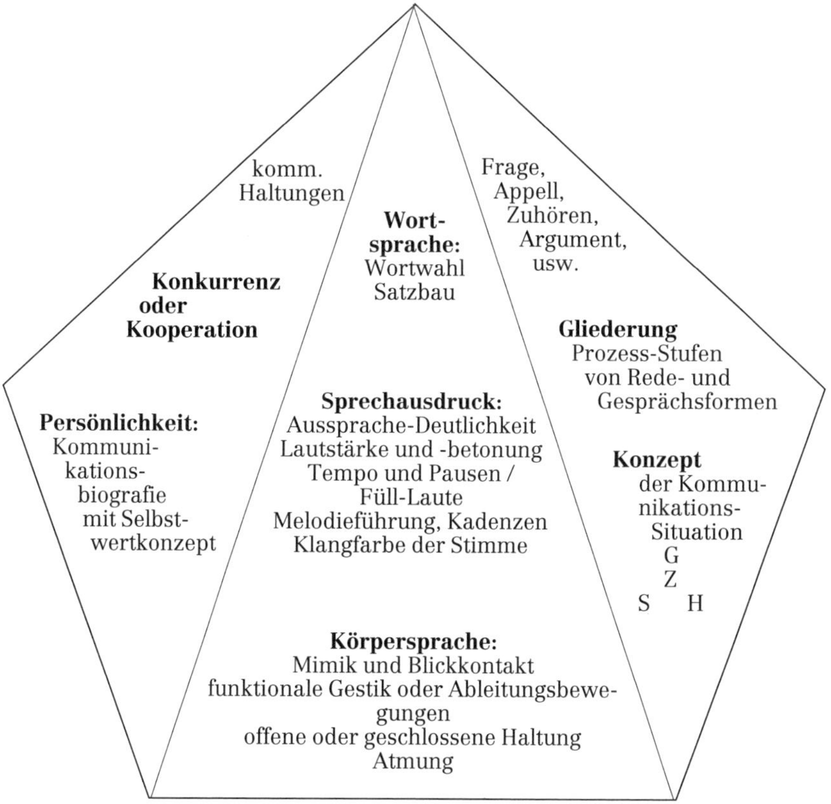

Die Redepyramide nach Pabst-Weinschenk (1995, 23ff.; 2000, 9–14).

Unmittelbare Sprechfaktoren: Präsentation und Form

Äußere Form und Präsentation wirken sich unmittelbar auf das Reden aus. Sie sind in ihren Aspekten auf Seite 1 der Redepyramide zusammengefasst und werden auch „rhetorische Oberflächenstruktur" genannt.

Atmung und Körpersprache bilden das Fundament des Sprechausdrucks, denn sprachliche Kommunikation hat biologische Grundlagen. Die Lautproduktion ist eine Sekundärfunktion. Primär haben die Organe, die wir bei der Verständigung benutzen, andere Funktionen: Der Ausatemstrom, auf dem wir sprechen, dient dem Gasaustausch bei der Sauerstoffversorgung; die Artikulationsorgane im Mund der Nahrungsaufnahme und -zerkleinerung; der Kehlkopf ist ein Sicherungsmechanismus, der die Luftröhre vor dem Eindringen von Fremdkörpern doppelt absichert.

Die Atmung ist die Lebensgrundlage und wird deshalb als Fundament angenommen. Bei der Atmung entstehen bereits Körperbewegungen, und die Art, wie wir atmen, beeinflusst unseren gesamten Körperausdruck. Körperspannung und Bewegungen beeinflussen ihrerseits die akustische Struktur einer Äußerung: Stimme und Sprechausdruck verändern sich je nach Körpersprache. Die Wortsprache bzw. die verbal formulierte Äußerung, auf die sich viele im Lernprozess konzentrieren, weil sie sie verbessern möchten, stellt im System der Redepyramide die Spitze der ersten Seite dar. Denn in Prozessen mündlicher Kommunikation wirkt die Formulierung immer nur zusammen mit den anderen optischen und akustischen Äußerungsformen.

Körpersprache gilt mehr als Worte

Die verbale Sprache ist in der Rhetorik nur die Spitze des Eisbergs. Unbewusst bestimmen der Sprechausdruck und die Körpersprache die Gesamtwirkung immer mit. Als über die verbale Kommunikation hinausgehende Mitteilungen leiten sie sogar das Verständnis der Worte und bestimmen, was glaubwürdig ist, was man ernst nimmt oder ironisch versteht. Wenn jemand z. B. mit niedergeschlagenem Blick, leiser Stimme, schwebend-fragender Kadenz behauptet: „Davon bin ich fest überzeugt", hat man als Zuhörer seine Zweifel daran. Und wenn jemand laut, mit gepresster Stimme, angespannter Mimik und bösem Blick meint: „Ich bin nicht verärgert", glaubt man ihm höchstens, dass er's nicht zugeben will.

Die Einschätzung von Glaubwürdigkeit folgt der *Entwicklungsgeschichte von der Körpersprache zur Wortsprache*, die man menschheits- und individualgeschichtlich feststellen kann: Ähnlich wie sich die verschiedenen

Menschheitssprachen aus den ersten Lauten der Urmenschen, die sie zur Verständigung im gemeinsamen Tätigkeitsprozess benutzten, herausgebildet haben, so erwerben Kinder die Wortsprache aus den ersten körpersprachlichen und lautlichen Äußerungsformen: Strampeln, Schreien usw. Menschliche Kommunikation beginnt immer mit der Körpersprache. Die Interaktion, die die Entstehung der Sprache ermöglicht, besteht zunächst aus einer Zu-Wendung und einem Sich-miteinander-Drehen und -Wenden (Kon-Versation).

Die Bedeutung einer offenen Haltung

Eine offene Haltung ist wichtig: Zum einen wirkt sie dem Zuhörer zugewandter als eine geschlossene Haltung, die eher einen distanzierenden und abweisenden Eindruck macht. Zum anderen ermöglicht eine offene Haltung Gestik, die das Formulieren unterstützt. Die verbale Sprache ist das höchstentwickelte und zuletzt erworbene Verständigungssystem (LURIJA 1982, 29).

Die Entwicklungsgeschichte wirkt beim Reden immer mit. Treten z. B. Formulierungsprobleme beim Sprechdenken oder Verständigungsschwierigkeiten mit einem Gesprächspartner auf, wird automatisch auf das einfachere, zugrunde liegende System der Körpersprache zurückgegriffen: Wir gestikulieren oder zeigen auf etwas. Verkrampfungen der Körpermotorik ihrerseits blockieren den Sprechfluss und die Formulierung, so dass Füllwörter und Sprechdenkgeräusche wie „äh“, „mh“ gehäuft auftreten. Gestik ist also ein integraler Bestandteil der Sprachproduktion und unterstützt die Konzeptualisierung (DE RUITER 1998; siehe auch Seite 41 ff.).

An einzelnen Aspekten arbeiten!

Beim Sprechen laufen alle Aspekte der Sprachproduktion weitgehend automatisiert und unbewusst ab. Bei Störungen und Irritationen werden uns einzelne Aspekte bewusst. Wollte man alle Sprechoperationen ständig bewusst vollziehen, würde man handlungsunfähig: Man stände wie sein eigenes „schlechtes Gewissen“ neben sich und würde sich beim Reden zuschauen; dabei könnte man sich nicht mehr auf die Sache und die Zuhörer konzentrieren und bekäme schnell einen „Fadenriss“ oder „Black out“. Die Automatisierung hat eine wichtige Entlastungsfunktion. Zu Lern- und Übungszwecken sollte man immer nur einzelne Aspekte stärker bewusst vollziehen. Deshalb ist es sinnvoll, die persönlichen Lernziele auf einzelne Punkte zu begrenzen.

Vorbereitung des Inhaltskonzepts

Der Vorbereitung zugänglich ist das gesamte Inhaltskonzept, das in der Redepyramide auf Seite 2 dargestellt wird. Beim Miteinandersprechen geht es immer um etwas, um Inhalte und damit verbundene Intentionen. Das Inhaltskonzept bezieht sich also auf das Konzept der gesamten Kommunikationssituation und ihre Strukturierung: *Wie wird die Sache (G) in Kommunikationszeichen (Z) dargestellt? Wie drückt sich der Sprecher (S) aus? Wie wirkt er auf den Zuhörer (H) ein? Welche Beziehung entsteht? Wie sind die gegenseitigen Einschätzungen der Situation? Welches Hauptziel wird verfolgt?* Auf der Basis dieser Einschätzung wird die Sprechsituation erfasst (Makrostruktur-Ebene). Es wird eine Hauptzielsetzung mit passender Redegliederung oder Gesprächsphasenstruktur (Mesostruktur) und geeigneten Sprechoperationen wie Fragen, Zuhören, Bewerten etc. (Mikrostruktur) ausgewählt. Eine Basisorientierung bietet hier das Organon-Modell mit den Zeichenfunktionen Darstellung, Ausdruck und Appell (BÜHLER 1934, 28; siehe Seite 21) und die Differenzierung nach Inhalts- und Beziehungsaspekt (Watzlawick, aber auch Habermas, Geißner u. a.). Stillschweigend unterstellen wir bestimmte Gesprächsregeln und erwarten, dass andere sich ebenfalls daran orientieren (vgl. z. B. Grice' Konversationsmaximen).

Auf das Inhaltskonzept bereitet man sich vor. Aber auch wenn Intention und Inhaltskonzept als Handlungsplanung am Anfang stehen, wirken sie rhetorisch nicht unmittelbar wie die von außen wahrnehmbaren sprach-, sprech- und körpersprachlichen Zeichen der Kommunikation. In der Linguistik werden geäußerte oder auch ideale Sätze beschrieben. Nach der Generativen Transformationsgrammatik wird der Satz als Oberflächenstruktur betrachtet und eine entsprechende Tiefenstruktur angenommen. Verwendet man diese Begrifflichkeit, so kann man auch die Intention und das Inhaltskonzept als rhetorische Tiefenstruktur bezeichnen. Sie ist die Tiefendimension (Seite 2 der Redepyramide) zur rhetorischen Oberflächenstruktur (Seite 1).

Rhetorik als Persönlichkeitsbildung

Im Inhaltskonzept und in der Präsentation kommt die Persönlichkeit des Redners zum Ausdruck, und der Zuhörer zieht aus der rhetorischen Oberflächen- und Tiefenstruktur Rückschlüsse auf die Person des Sprechers und seine Einstellungen. Kommunikative Einstellungen erwachsen aus der Kommunikationsbiografie eines Menschen und lassen sich zurückführen auf die grundlegende Frage, ob Kommunikation als Konkurrenz oder Kooperation eingeschätzt wird. Zentrale Dimensionen, die das konkrete rhetorische Handeln steuern, sind insbesondere:

- (kontrafaktisch unterstellte) Symmetrie versus Sieg-Niederlagen-Kampf;
- Perspektivenübernahme versus Egozentrik;
- Transparenz versus Manipulation/Verschleierung;
- Flexibilität versus Fixiertheit.

Kooperation setzt Selbstsicherheit voraus. Dominante Einstellungen werden auf psychische Labilität, integrative auf Stabilität zurückgeführt. Die kommunikative Persönlichkeit ist nichts Unveränderliches, sondern etwas Erworbenes. Jeder Mensch ist geprägt von seinen persönlichen Kommunikationserfahrungen von der frühesten Kindheit an. Deshalb ist die Kommunikationsbiografie die Basis, und jede Veränderung im Sprechen führt auch zu Veränderungen in Persönlichkeitsausdruck und -wirkung.

Ein umfassendes Rhetorikkonzept

Alle drei Seiten der Redepyramide sind hinsichtlich der Wirkung und der Sprachproduktion interdependent. Man kann nicht eine der drei Seiten absolut setzen und gegen die anderen ausspielen, sonst entstehen reduktionistische rhetorische bzw. sprecherzieherische Ansätze: Wird z. B. nur die äußere Form wichtig genommen, führt dies zu einer reinen Präsentationstechnik, unabhängig von den inhaltlichen Aspekten und der Persönlichkeit des Sprechers; werden dagegen nur die inhaltlichen oder persönlichen Aspekte betont, gelangt man zu einer kognitiv oder psychologisch beherrschten Auffassung von Rhetorik.

Im Gegensatz zu solchen einseitigen Anschauungen wird hier eine umfassende Sichtweise zugrunde gelegt: Das konkret-beobachtbare Verhalten (Seite 1) repräsentiert die durch die Kommunikationsbiografie geprägte Sprecher-Persönlichkeit (Seite 3) und ihre bewussten Entscheidungen für bestimmte Strukturen auf der Ebene der Tiefenstruktur (Seite 2). Beim Üben kann der Ansatzpunkt auf jeweils einer der Seiten gewählt werden. Auch wenn in der Grundschule vieles noch spielerisch vermittelt wird, ist es wichtig, die Wechselwirkungen zu berücksichtigen: Auch Grundschülerinnen und Grundschüler brauchen nicht nur Anleitung zur Präsentation (Seite 1), sondern schon einfache Strukturmodelle für verschiedene Situationen (Seite 2); und Lehrpersonen sollten sich ihrer Verantwortung bewusst sein, dass sie selbst nicht nur ein Modell darstellen, sondern immer auch mit allen Sprech- und Redeaufgaben sowie den Rückmeldungen dazu auf die Kommunikationsbiografie ihrer Schülerinnen und Schüler einwirken.

Grundlegende Fähigkeiten: Sprechdenken und Hörverstehen

Die grundlegenden Fähigkeiten in der mündlichen Kommunikation sind Sprechdenken und Hörverstehen. Die schriftlichen Modalitäten dagegen sind Schreibdenken und Leseverstehen. Wenn man die mündlichen Fähigkeiten gezielt üben will, sollte man wissen, wie sie sich von den schriftlichen unterscheiden und wie sie im Einzelnen ablaufen (PABST-WEINSCHENK 2003a; 2004).

Der Unterschied von mündlicher und schriftlicher Kommunikation

Abgesehen vom spontanen kreativen Schreiben sind schriftliche Texte überlegter als mündliche, sie sind oft auch willkürlicher und absichtsvoller. Mündliche Äußerungen dagegen geschehen oft *spontaner, unwillkürlicher* und *unbedachter*: Selbst bei vorbereiteten Reden wird im freien Sprechen die Formulierung erst in der Situation entwickelt; Zwischenfragen oder Einwürfe und entsprechende Reaktionen kann man nur unzureichend vorhersehen. Die Textkomposition ist beim Schreiben organisierter, denn für die Planung und Ausführung hat man in der Regel länger Zeit. Im Vergleich dazu sind mündliche Texte oft *elliptischer* und *weniger entfaltet* als schriftliche.

Wenn man antworten muss, verwendet man im Gespräch oft die erstbeste Formulierung, die einem in den Sinn kommt. Man kann den Wortlaut nicht wie beim Schreiben noch mal überarbeiten. Mündliche Äußerungen sind *kontextgebundener* und *situationsbezogener*, denn beim Sprechen ist der Verweis auf Gegenstände möglich und die Formulierung wird durch Körpersprache und Sprechausdruck ergänzt. Dagegen haben wir bei der schriftlichen Kommunikation nur die wortsprachliche Formulierung und sprachlich explizite Referenzen.

Gesprochene Äußerungen sind – wenn sie nicht aufgenommen und dokumentiert werden – *flüchtiger, vergänglicher* als schriftliche Texte, die die Situation überdauern. So wie die Planung beim Sprechen zeitlich begrenzt ist, ist es auch die Rezeption. Man muss das Gesagte *ad hoc* verstehen, man kann nicht wie beim Lesen den Rezeptionsvorgang wiederholen. In der Sprechsituation besteht ein direkter Adressatenbezug, beim Schreiben ist dieser in der Regel anonymer, der Text wird durch die Situationsunabhängigkeit allgemein verständlicher gehalten. Geschriebene Texte sind relativ statische Produkte, auch wenn verschiedene Rezipienten unterschiedliche Botschaften aus einem Text herauslesen können. Sie sind zumeist sachlicher und unpersönlicher als mündliche Äußerungen, die oft stärker *emotional-persönlich* gefärbt sind. Denn beim Schreiben entwickelt der Produzent seinen Text getrennt von seinem Publikum; ein Gespräch oder eine Rede dagegen verbindet den Sprecher mit seinen Zuhörern in einer Situation und in dem dynamischen Prozess der Sinnkonstitution entsteht die Kommunikation als *gemeinsames Produkt*, das *korrigier-* und *aushandelbar* ist. Ein Gesprächsergebnis ist nicht so autonom und selbstständig wie ein Text, den ich allein ohne das direkte Mittun anderer geschrieben habe. Beim Miteinandersprechen spielen immer Inhalts- und Beziehungsaspekte mit, wogegen beim Schreiben Persönliches oft nicht so wichtig ist. Mündliche Kommunikation ist *emphatischer*, schriftliche distanzierender.

Mündliche Äußerungen sind oft *sinn-konkreter*, aber durch die geringere Planungszeit und den direkten Zwang, im Gespräch zu handeln, z. B. auf Zwischenfragen zu antworten, auch *provisorischer, additiver* und *redundanter*. Schriftliche Texte dagegen sind oft abstrakter und begrifflicher, definitiver, ökonomischer, d. h. kürzer und präziser und mit mehr Subordinationen.

Beim Schreiben ist man keinem direkten Handlungszwang ausgesetzt, sondern kann mit mehr Selbstbestimmung den Prozess gestalten. Die Situation ist privater; mündliche Kommunikationssituationen sind dagegen immer sozial und mehr oder weniger öffentlich. Ferner sind beim Sprechen simultan verschiedene Gedanken und Äußerungen vorhanden; das Schreiben eines Textes zwingt dagegen zur Linearität, gleichzeitige Äußerungen müssen nacheinander beschrieben werden. Ein geschriebener Text ist historisch genau dokumentiert und reproduzierbar. Werden Texte dagegen mündlich weitergegeben, entstehen durch das Dazutun der verschiedenen Erzähler immer neue Geschichten und Mythen.

„Sprechgrammatik" versus „Schreibgrammatik"

Wenn man sich dieser Unterschiede zwischen mündlicher und schriftlicher Kommunikation bewusst ist, kann man nicht von schriftsprachlichen Normen bei mündlichen Äußerungen ausgehen. Beim Sprechdenken hat man nicht so viel Zeit zum Formulieren und der Hörer muss alles auf Anhieb verstehen können. Denn der Schall der Rede ist vergänglich und die Merkzeit begrenzt.

Die Sprechgrammatik tendiert zu notwendigen Vereinfachungen, Wiederholungen, Situationsbezug und Anschaulichkeit. Häufig kann man Unterschiede zwischen Sprech- und Schreibgrammatik beobachten, wie sie die folgende Tabelle beschreibt:

	Sprechgrammatik	Schreibgrammatik
Satzbau	kürzer, einfacher: mehr Nebenordnung in Hauptsätzen, meist nicht mehr als ein bis zwei Nebensätze; typische Nebensatzinhalte treten oft als selbstständige Sätze auf, z. B. Begründung *denn, in Folge dessen, deshalb*	länger, komplizierter: mehr Über- und Unterordnung mit Nebensätzen, Einschüben; mehrere Nebensätze möglich
	Schachtelsätze unüblich, da sie nur schwer beim Sprechdenken formuliert werden können	Schachtelsätze möglich
	die reale zeitliche Reihenfolge wird öfter beibehalten: *erst das ..., dann das ...; bevor* oder *nachdem* unüblich	Zeitabfolge kann in Sprachform verändert werden
	Satzbrüche, Ellipsen usw. möglich	Satzbrüche, Ellipsen vorherrschend nur in wörtlichen Reden
Verbklammern	Nur kurze Folgen von Satzgliedern werden umklammert, sonst wird die Klammer aufgelöst und die Verbaussage sinngemäß wiederholt, z. B.: *Er war einkaufen: das und das ... hat er geholt.*	Es können beliebig lange Folgen von Satzgliedern umklammert werden: *Er hat das und das und ... und ... eingekauft.*
Verbposition im Nebensatz	Endstellung, aber oft auch Zweitstellung nach Konjunktion	Endstellung üblich
Sprachebene	mehr **Umgangssprache**: z. B. falscher Genitiv mit von (Dativ); Verstärkung der Besitzanzeige: *ihm sein Hemd*; Fragewörter als Relativpronomen: *wo, was*	Hochsprache, **Standardnorm**: Genitiv *sein Hemd*; korrekte Relativpronomen: *in denen, das*
Sprachstil	*Verbalstil:* mehr Zeitwörter: *er hat mich gefragt, ich habe ... geantwortet* mehr Füllwörter	*Nominalstil:* oft umständliche Hauptwortkonstruktionen: *Als Antwort auf die Frage kann ich die folgende Mitteilung geben*
Ausführlichkeit	Verkürzungen auf Wortebene: Auslassungen *wie, was, mal, dran, drin, drauf, rauf, aufs, kann's, mach's* usw.	Wörter ohne Verkürzungen: *etwas, einmal, daran, darin, darauf, herauf, auf das, kann es, mach es*
	inhaltliche Wiederholungen, sowohl als Redundanz durch Formulierungen als auch durch ausdrückliche Zusammenfassungen	eher kurz, präzise, wenig Wiederholungen

	Sprechgrammatik	Schreibgrammatik
Situations-bezug	stark, deshalb viele Zeigewörter wie *da, dort, hier* und Umstandswörter der Zeit wie *jetzt, nun, gleich*, mehr Demonstrativa *dieser, der, die*	übersituativ verständlich, deshalb oft umständlich ausformuliert, mehr Satzglieder Personalpronomen *er, sie*
Anschau-lichkeit	schildern, wörtliche Rede	berichten, indirekte Rede oder Bericht
Zeitformen	mehr gegenwartsbezogen, viel Perfekt, Präsens Möglichkeitsform mit *würde: würde führen*	genauer Vergangenheit und Zukunft unterscheiden: Imperfekt, Futur konjunktivisch konjugiert: *führte*
Begriffs-bildung	anschaulich-konkret aus Bildern, Beispielen entwickeln, eher induktiv	theoretisch-abstrakt ableiten und definieren, eher deduktiv

(Pabst-Weinschenk 1995, 153–155)

Rhetorische Figuren – redewirksame Formulierungen

Entwickelt man die Rede aus der *actio*, der Sprechtätigkeit selbst, so können die einzelnen Formulierungen nicht so genau geplant werden wie beim Schreiben. Da man weniger Zeit hat, muss man oft die „erstbeste“ Formulierung verwenden und kann die Rede stilistisch nicht so ausfeilen wie in der Aufsatzrhetorik, in der die elocutio, die sprachlich-stilistische Ausformung, besonders wichtig geworden ist. Allerdings sollte man auch für das freie Reden eingängige Slogans oder Schlusssätze möglichst redewirksam formulieren. Die Werbung liefert uns immer neue Beispiele, wie einzelne rhetorische Figuren aktuell verwendet werden können:

Rhetorische Figur	Beispiel	Anwendung in Werbung und Medien
Bildliche Bezeichnung (Metapher), oft als verkürzter Vergleich	*Sie ist eine Rose.*	Heute ein König, König Pilsener; Apollinaris, the Queen of table water
Qualitative Wortvertauschung (Metonymie)	*Lebewohl* statt *Trennung, Ölzweig* statt *Frieden.*	Zarter Schmelz (für Schokolade), der auf der Zunge zergeht

Rhetorische Figur	Beispiel	Anwendung in Werbung und Medien
Beschönigender Ausdruck (Euphemismus)	*entschlummern* statt *sterben, transpirieren* statt *schwitzen.*	Slimfast – und Sie verlieren die Pfunde.
Mitverstehen (Synekdoche) eines quantitativ engeren oder weiteren Begriffes	*Brot* statt *Nahrung, Cicero* statt *Redner* *Die USA …* statt *Die Rudermannschaft der USA gewinnt eine Goldmedaille.* *Nicht über meine Türschwelle* statt *Nicht in mein Haus*	Kein Alkohol am Steuer, damit nicht das ganze Jahr Aschermittwoch ist. Wir geben Ihrer Zukunft ein Zuhause …
Übertreibung (Hyperbel)	*winzig kleiner Krumen* statt *Brot, zigtausend Mal* statt *sehr oft* *Es ist die Hölle los* statt *Es ist sehr laut*	Das weißeste Weiß, das es je gab.
Bejahung durch doppelte Verneinung, Untertreibung (Litotes)	*ein nicht unwichtiges Land* statt *ein wichtiges Land, nicht schlecht* statt *gut*	Sagen Sie nicht nein zu …
Personifizierung (Allegorie)	*Das Glück läuft ihr nach* oder *Lügen haben kurze Beine*	… wenn ich dann Toffifee ins Spiel bringe … Der Tag geht, Johnny Walker kommt.
Bildhafte Umschreibung (Periphrase)	*das Land, wo die Zitronen blühen* statt *Italien* *Bretter, die die Welt bedeuten* statt *Bühne*	… kommt daher, wo die Kühe noch glücklich sind
Ursache statt Wirkung (Metalepsis)	*Zunge statt Sprache, Regen* statt *Nässe*	Auf diese Steine können Sie bauen.
Anspielung (Allusion)	*der große Reformer* statt *Luther, ein Alexander* statt *ein Eroberer*	[Heute in der Werbung eher durch Bildmittel umgesetzt, wenn einer z. B. als Napoleon durch den Garten stolziert oder wie Charlie Chaplin geht]
Lautmalerei (Onomatopoeia)	*Wumm, peng* statt *Knallen; Blubb, blubb* statt *Tropfen; Pfff - pfiffen die Kugeln*	Erst klick, dann starten. Black & Decker Black & Decker … [klingt schnell hintereinander gesprochen fast wie eine Schlagbohrmaschine]

Rhetorische Figur	**Beispiel**	**Anwendung in Werbung und Medien**
Stabreim (Alliteration)	*Glanz und Gloria, mit Mann und Maus, Mann macht manches mit!*	Milch macht müde Männer munter. Der Tiger im Tank Oder ein einfacher Reim: Aus deutschen Landen frisch auf den Tisch
Wiederaufnahme des Anfangswortes (Anapher)	*Selig sind, die ... Selig sind, die ...* *Geld war sein Leben. Geld war sein einziger Gedanke.*	Sparen gibt Ihnen Sicherheit. Sparen gibt Ihnen die Freiheit, sich ...
Überfluss (Pleonasmus)	*weißer Schimmel* (Tautologie), *das flauschige, kuschelweiche wollige Material.*	Nur Pattex klebt wie Pattex.
Auslassung (Ellipse)	*Herrliches Wetter heute. Am Anfang Hörer ansprechen!*	Lotto, alles (ist) möglich.
Dreiheit (Triade)	*Ein Volk, ein Reich, ein Führer.* *Dein ist das Reich und die Kraft und die Herrlichkeit.* *Wir wollen singen, tanzen und spielen.*	Sie studieren bequem zu Hause, neben Ihrem Beruf, ohne Verdienstausfall. Gönnen Sie sich: Sommer, Sonne, Strand – für die schönsten Wochen des Jahres.
Reihung mit Steigerungseffekt (Klimax)	*Er ist nett, freundlich, hilfsbereit und allem Neuen aufgeschlossen.*	Ein schöner Tag, die Welt steht still, ein schöner Tag, komm, Welt, lass dich umarmen, welch ein Tag!
Veränderte Wortstellung (Inversion)	*Fünf Brötchen isst er!* statt *Er isst fünf Brötchen.*	ARD (das) will ich sehen. Bei ARD und ZDF sitzen Sie in der ersten Reihe.
Kurze Rede (Brachylogie)	*Kein Geld – keine Ware.* *Weniger reden – mehr arbeiten.*	Nuts hats!
Satzbruch (Anakoluth)	*Das ist einer – er spielt immer die erste Geige.* *... und wenn man gar bedenkt, dass – aber darauf will ich gar nicht eingehen ...*	Nicht fragen, kaufen Kein Geld, keine Knete, Advocard und der Anwalt hilft sofort.
Gegensatz (Antithese)	*Vorne hui, hinten pfui!* *Früher lange Haare, heute kurzer Schnitt.*	Wer auszieht, will mit Sicherheit einziehen.

Rhetorische Figur	Beispiel	Anwendung in Werbung und Medien
Unverbundene Reihung von Satzgliedern (Asyndeton)	*Mangel an Selbstdisziplin, Mangel an Übersicht, Mangel an Einsicht, das sind die entscheidenden Kritikpunkte.*	Kopfschmerzen, Gliederschmerzen, müde Beine … X hilft.
Dopplung	*Wir warten und warten, aber nichts geschieht.*	Er läuft und läuft …
Zusammenstellung zweier gegensätzlicher Begriffe (Oxymoron)	*Dieser stumme Schrei Sie verband eine schreckliche Liebe.*	Eine schrecklich nette Familie
Bindewörter-Reihung (Polysyndeton)	*Sie wollen Bäume retten und Flüsse reinigen und das Meer sauber halten und die Luft filtern und … und … und …*	Der X hat Seitenaufprallschutz und Airbag und Beifahrer-Airbag und … und alles zum Preis von …

Der Zusammenhang von Denken und Sprechen

Heinrich von Kleist hat schon 1805/06 seine Beobachtungen über den Zusammenhang von Sprechen und Denken in seinen Aufsatz *Über die allmähliche Verfertigung der Gedanken beim Reden* zusammengefasst. Darauf wird bis heute in der rhetorischen Fachliteratur immer wieder Bezug genommen:

„Wenn du etwas wissen willst und es durch Meditation nicht finden kannst, so rate ich dir, […] **mit dem nächsten Bekannten** […] **darüber zu sprechen.** Es braucht nicht eben ein scharfdenkender Kopf zu sein, auch meine ich es nicht so, als ob du ihn darum befragen solltest: nein! Vielmehr sollst du es ihm selber allererst erzählen. Ich sehe dich zwar große Augen machen, und mir antworten, man habe dir in frühern Jahren den Rat gegeben, von nichts zu sprechen, als nur von Dingen, die du bereits verstehst. [..] aber […] l'appétit vient en mangeant, und dieser Erfahrungsgrundsatz bleibt wahr, wenn man ihn parodiert, und sagt, l'idée vient en parlant. Oft sitze ich an meinem Geschäftstisch über den Akten, und erforsche, in einer verwickelten Streitsache, den Gesichtspunkt, aus welchem sie wohl zu beurteilen sein möchte. […] wenn ich mit meiner Schwester davon rede, […] so erfahre ich, was ich durch ein vielleicht stundenlanges Brüten nicht herausgebracht haben würde. Nicht, als ob sie es mir, im eigentlichen Sinne sagte; […] Auch nicht, als ob sie mich durch geschickte Fragen auf den Punkt hinführte, auf welchen es ankommt […] Aber weil ich doch **irgendeine dunkle Vorstellung** habe, die mit dem, was ich suche, von fern her in einiger Verbindung steht, so prägt, wenn ich nur dreist damit den Anfang mache, das Gemüt, **während die Rede fortschreitet**, in der Notwendigkeit, dem Anfang nun auch ein Ende zu finden, jene verworrene

Vorstellung **zur völligen Deutlichkeit** aus [...] Ich mische **unartikulierte Töne** ein, **ziehe die Verbindungswörter in die Länge,** gebrauche auch wohl eine Apposition, wo sie nicht nötig wäre, und bediene mich anderer, **die Rede ausdehnender, Kunstgriffe,** zur Fabrikation meiner Idee auf der Werkstätte der Vernunft, die gehörige **Zeit zu gewinnen**. Dabei ist mir nichts heilsamer, als **eine Bewegung** meiner Schwester, **als ob sie mich unterbrechen wollte;** denn mein ohnehin schon angestrengtes Gemüt wird durch diesen Versuch von außen, ihm die Rede, in deren Besitz es sich befindet, zu entreißen, nur noch mehr **erregt,** und in seiner Fähigkeit, wie ein großer General, wenn die Umstände drängen, noch um einen Grad höher gespannt. [...] Es liegt ein sonderbarer Quell der Begeisterung für denjenigen, der spricht, in einem menschlichen Antlitz, das ihm gegenübersteht; und ein Blick, der uns einen halbausgedrückten Gedanken schon als begriffen ankündigt, schenkt uns oft den Ausdruck für die ganze andere Hälfte desselben. Ich glaube, daß mancher große Redner, in dem Augenblick, da er den Mund aufmachte, noch nicht wußte, was er sagen würde. Aber die Überzeugung, daß er die ihm nötige Gedankenfülle schon aus den Umständen, und der daraus resultierenden **Erregung seines Gemüts** schöpfen würde, machte ihn dreist genug, den Anfang, auf gutes Glück hin, zu setzen. [...] – Ein solches Reden ist ein wahrhaft lautes Denken. Die Reihen der Vorstellungen und ihrer Bezeichnungen gehen neben einander fort, und die Gemütsakten für eins und das andere, kongruieren. Die Sprache ist alsdann keine Fessel, etwa wie ein Hemmschuh an dem Rade des Geistes, sondern wie ein zweites, mit ihm parallel fortlaufendes, Rad an seiner Achse. Etwas ganz anderes ist es, wenn der Geist schon, vor aller Rede, mit dem Gedanken fertig ist. Denn dann muß er bei seiner bloßen Ausdrückung zurückbleiben, und dies Geschäft, weit entfernt ihn zu erregen, hat vielmehr keine andere Wirkung, als ihn von seiner Erregung abzuspannen. Wenn daher eine Vorstellung verworren ausgedrückt wird, so folgt der Schluß noch gar nicht, daß sie auch verworren gedacht worden sei; vielmehr könnte es leicht sein, daß die verworrenst ausgedrückten grade am deutlichsten gedacht werden. Man sieht oft in einer Gesellschaft, wo durch ein lebhaftes Gespräch, eine kontinuierliche Befruchtung der Gemüter mit Ideen im Werk ist, Leute, die sich, weil sie sich der Sprache nicht mächtig fühlen, sonst in der Regel zurückgezogen halten, **plötzlich mit einer zuckenden Bewegung,** aufflammen, die Sprache an sich reißen und etwas Unverständliches zur Welt bringen. Ja, sie scheinen, wenn sie nun die Aufmerksamkeit aller auf sich gezogen haben, durch ein **verlegnes Gebärdenspiel** anzudeuten, daß sie selbst nicht mehr recht wissen, was sie haben sagen wollen. Es ist wahrscheinlich, daß diese Leute etwas recht Treffendes, und sehr deutlich, gedacht haben. Aber der plötzliche Geschäftswechsel, der Übergang ihres Geistes vom Denken zum Ausdrücken, schlug die ganze Erregung desselben, die zur Festhaltung des Gedankens notwendig, wie zum Hervorbringen erforderlich war, wieder nieder. In solchen Fällen ist es um so unerläßlicher, daß uns **die Sprache mit Leichtigkeit zur Hand** sei, um dasjenige, was wir gleichzeitig gedacht haben, und doch nicht gleichzeitig von uns geben können, wenigstens so schnell, als möglich, auf einander folgen zu lassen. [...]“
(HEINRICH VON KLEIST 1805/06, 53–58; fette Hervorhebung von M. P.-W.)

Denken ist Voraussetzung für das Sprechen. In der Regel ergreift man nur dann das Wort und spricht etwas aus, wenn man anderen tatsächlich etwas mitzuteilen hat. Gedanken drängen zur Rede, das Denken vollendet sich im Wort. Denken und Sprechen verlaufen parallel zueinander, nicht nacheinander.

Die Verfertigung der Gedanken beim Reden kann man in Unterhaltungen und Diskussionen überall beobachten. Man sieht, wenn sich in einer Diskussionsrunde jemand vorlehnt oder aufrichtet, dass er einen Gedanken hat, den er aussprechen möchte. Bei Sprechbeginn hat er den Gedanken selbst noch gar nicht zu Ende gedacht. Er weiß noch nicht im Einzelnen, was er wie formulieren wird. Erst während des Sprechens entwickelt er den Gedanken, und mit der Formulierung wird der Gedanke für den Sprecher selbst klar. Voraussetzung dafür ist ein breiter Wortschatz und die Kenntnis vielfältiger Satzmuster. Gliederungshilfen, Redebaupläne und Argumentationsmuster erleichtern die Verfertigung der Gedanken, weil sie Orientierung bieten.

Beim freien Sprechen werden die Gedanken erst mit dem Aussprechen verfertigt. Auch wenn man nach einem Stichwortkonzept redet, muss man beim Reden mitdenken. Zwar hat man sich vorher die wichtigsten Punkte überlegt und eine Reihenfolge festgelegt, aber jeder Punkt wird neu in der Situation ausformuliert. Die Stichworte dienen nur der Erinnerung, worauf man hinauswill.

Der Weg von der inneren zur äußeren Sprache

Nach Wygotski steht zwischen einem Gedanken und seiner Ausformulierung in der äußeren, für andere verständlichen Sprache die innere Sprache. Sie kann als ein Denken in sprachlichen Begriffen aufgefasst werden. Die innere Sprache ist stark verkürzt und beschränkt sich auf die Hauptvorstellungen. Drängen Gedanken zur Rede, so werden sie in der inneren Sprache nicht direkt als ganze Sätze geplant und formuliert, die es nur noch auszusprechen gilt. Vielmehr wird nur die Hauptvorstellung sprachlich gefasst. Der Sprechdenkprozess geht von diesen Hauptvorstellungen aus. Sie werden zu den vorgegebenen Satzrahmen, die der Sprecher beherrscht, ausgeformt und mit Hilfe der sprecherischen Ausdrucksmittel für andere verständlich artikuliert. Im Stichwortkonzept hält man nur seine Hauptvorstellungen in den eigenen Kürzeln fest. Denken und Sprechen laufen etwa gleichzeitig ab. Sie beeinflussen sich im Sprechdenkvorgang wechselseitig. Würde man nicht frei sprechdenkend die Hauptvorstellungen zu Sätzen formulieren, sondern ganze Sätze erst in Gedanken vollständig planen und dann aussprechen, so führte dies zu einer ständigen Phasenverschiebung zwischen Sprechen und Denken. Es würden lange Pausen zwischen den Sätzen entstehen, weil der nächste Satz erst wieder still in Gedanken vollständig ausformuliert werden müsste. Der Redefluss würde ins Stocken geraten.

„Vom Thema zum Rhema" oder „Vom Rhema zum Thema"?

Primär ist beim Sprechdenken die Erlebnisbewegung. Der Sprecher erlebt etwas und drückt sich daraufhin aus. Das kann man bei spontanen Gefühlsäußerungen deutlich beobachten.

Beim Miteinandersprechen führen Mitteilungsabsicht und Funktionalität zur besonderen Berücksichtigung der Hörerperspektive, z. B. in der Redevorbereitung. Drach stellt an sie in seinen Werken folgende Anforderungen:

- Der Ansatzpunkt der Rede liegt bei den Hörern (DRACH 1932, 38).
- Der Redner soll vorausschauen, wie die Hörer mutmaßlich denken werden (DRACH 1932, 46).
- Der Denkplan muss zum Zielpunkt führen (DRACH 1932, 39f.).
- Es soll in (durch Denkklarheit und Schallform) anhörlichen Sätzen gesprochen werden (DRACH 1932, 157).
- Der Redner soll etwas Neues für die Hörer bringen (DRACH 1922, 101).

Parallel zum Redeaufbau entwickelt Drach einen eigenen Ansatz zur funktionalen Satzperspektive, unabhängig von der Prager Schule. Dabei geht er von der Achsenstellung des Verbs aus und unterteilt den Satz in Vor- und Nachfeld (DRACH 1937). Beim Redeaufbau enpfiehlt er die Gliederung entsprechend den Strukturen auf der Satzebene:

Redeaufbau	Satzebene
Vom Ansatzpunkt bei den Hörern (im Fünfschritt/-satz)	Vom Vorfeld mit Anschlussstelle (Thema)
zum	zum
Zielpunkt (zusammengefasst als dominierende Absicht im Zwecksatz)	Hauptsinnwort im Nachfeld (Rhema)

Obwohl Drach die Begriffe „Thema" und „Rhema" noch nicht verwendet, beschreibt er die Wortstellung im Satz wie Mathesius: In emotionaler Rede (gefühls- oder willensbetont) rückt das Hauptsinnwort ins Vorfeld (Ausdrucksstelle) und weitere Ergänzungen und Erläuterungen ins Nachfeld (Eindrucksstelle).

Man geht davon aus, dass je Sinneinheit ein Rhema als jeweilige Hauptbetonung zu erkennen ist. Nach der Drach'schen Satzlehre (1937) kann man die folgenden Grundstrukturen im Satzaufbau erkennen:

<table>
<tr><th>VORFELD</th><th>Zweitposition/
Mittel- oder
ACHSENstellung
des finiten Verbs</th><th colspan="3">NACHFELD</th></tr>
<tr><td>**= 1 Wortblock/Gefüge**
(Attribut/Apposition/
adnominale Bestimmung/
Relativ-Satz/
adnominaler Attributivsatz)</td><td>ggf. Verbklammer
um das Nachfeld</td><td colspan="3">**= gegliederte Folge
von Ergänzungen**
jedes Feld ist in sich
gegliedert als Klammer/
Spannbogen</td></tr>
<tr><td></td><td></td><td>* denk-
schwächste
Position</td><td>** wich-
tiger</td><td>*** am
wich-
tigsten</td></tr>
<tr><td>**a) Ausdrucksstelle mit
Sinnwort (RHEMA)
gefühlswertig
willenswertig
Frage(wort)**</td><td></td><td colspan="3">**a) Ergänzungen/
Erläuterungen (THEMA)**</td></tr>
<tr><td>**b) Anschlussstelle:
Bekanntes (THEMA)**</td><td></td><td colspan="3">**b) Eindrucksstelle mit
Sinnwort (RHEMA)
im Endglied
als Denkergebnis
als Belehrungsmittel**</td></tr>
</table>

Je weiter das Hauptsinnwort nach vorne rückt, desto emotionaler ist der Ausspruch. Für die „normale“ syntaktisch-kategoriale Anordnung gelten folgende allgemeine Regeln der Serialisierung und Topikalisierung:

- Nominativ vor Dativ (indirektem Objekt, IO) vor Akkusativ (direktem Objekt, DO) vor Präpositional-Objekt vor Prädikativ
- Pronominalisierung: wenn DO nur Pronomen, dann DO vor IO
- Adverbiale (TEMP, LOC) werden zwischen IO und DO eingeschoben
- Angaben folgen der semantischen Anordnung: Zeit (TEMP) vor Grund (kausal, final, konsekutiv, adversativ) vor Ort (LOC) vor Art und Weise (modal und instrumental)
- Umfangreiche Satzglieder rücken ans Ende (Behagel'sches Gesetz)
- Was besonders hervorgehoben werden soll, rückt nach vorn

Übrigens: So genannte „Gelenkwörter“ wie „also“, „darum“, „infolgedessen“, „trotzdem“ helfen beim Aufbau einer klaren Denkrichtung. Sie zeigen auch dem Hörer am Satzanfang an, wie der Anschluss an das Vorherige (Bekannte) gedacht ist und stellen eine Hilfe für den Sprechdenkprozess dar.

Die Phasen des Sprechdenkprozesses

Sprechdenken ist ein intrapsychischer Vorgang und kann nicht direkt beobachtet werden. Deshalb weiß man nicht genau, wie der Sprechdenkprozess funktioniert. Man kann nur das äußere Sprechverhalten beobachten und analysieren. Frei gesprochene Äußerungen ohne ausformulierte Textgrundlage, ggf. aber mit Bildvorlage oder Stichwortkonzept, sind Ergebnisse von Sprechdenkprozessen und lassen Rückschlüsse auf die vorausgehenden Planungs- und Verarbeitungstätigkeiten zu. Ein normaler, gelingender Sprechdenkablauf gibt keinen Anlass zur Problematisierung. „Fehler“ oder Störungen in Äußerungen dagegen machen aufmerksam auf notwendige Planungs- und Verarbeitungstätigkeiten. Die Grenzen zwischen dem Normalablauf des Sprechdenkens, ggf. mit einzelnen „Fehlern“ und zeitlich eingegrenzten Störungen, und pathologischen Äußerungsformen sind fließend: Es treten die gleichen Symptome in unterschiedlicher Frequenz auf. Insbesondere bei Polter- und Stottersyndromen sowie bei Aphasien ist der Sprechdenkablauf gestört. Aus diesen Störungsbildern können Erkenntnisse über den Normalablauf gezogen werden. Auch aus den therapeutischen Maßnahmen bei solchen Störungen wie überhaupt aus Therapiekonzepten können Hinweise zur Modellierung des Sprechdenkablaufs gewonnen werden.

Die Planungsstufen und -prozesse des Sprechdenkens bzw. der mündlichen Sprachproduktion, wie es in der Psycholinguistik oft heißt, sind bereits verschiedentlich modelliert worden. Die neueren Modellierungen sind sich im Wesentlichen einig darüber,

- welche Programmierungsstufen differenziert werden müssen;
- dass der gesamte Prozess hochkomplex und deshalb auch sehr störanfällig ist;
- dass flüssiges Sprech(denk)en eine Konzeptualisierung voraussetzt;
- dass man nicht von einer rein seriellen, sondern von einer inkrementellen (gleichzeitigen) Verarbeitung ausgehen muss;
- dass es dabei Kontrollinstanzen gibt (*selfmonitoring*) und Rückkopplungsschleifen zwischen den einzelnen Stufen;
- dass Verzögerungen auftreten, wenn der Monitoring-Vergleich von Form (des inneren und/oder äußeren Sprechens) und Konzept die Konzeptualisierung dominiert; das zeigen auch schon Versuche mit dem so genannten Lee-Effekt: Versprecher und Stottern werden durch übermäßige Selbstbeobachtung des eigenen Sprechablaufs experimentell ausgelöst, indem die Rede etwas zeitverzögert dem Probanden über Kopfhörer noch mal eingespielt wird (vgl. z. B. WINKLER ²1969, 100);

- dass die Artikulation kein äußerer Vorgang ist, sondern das Ergebnis unterschiedlicher innerer Prozesse (STOCK 2001, 63);
- dass die akustische Gestalt (rhythmisch-melodisch mit Akzenten) vor der Muskelaktivität generiert wird (STOCK 2001, 64);
- dass nach der Generativen Phonologie Akzentstruktur, aber auch Sprechrhythmus elementare Momente der Sprechproduktion sind (STOCK 2001, 63);
- dass beim frei produzierenden Sprechen die Intonation ein textkonstituierendes Mittel ist (STOCK 1996, 223 f.).

Psycholinguistische Modellierungen (LEVELT 1989, auch LEONT'EV 1975) entsprechen den Beobachtungen und Erklärungsansätzen aus Sprechwissenschaft und Sprecherziehung (GUTENBERG 1988; 2001; in der Tradition von DRACH 1926 und WINKLER ^{2}1969; zusammengefasst bei PAPST-WEINSCHENK 2004). Als wesentliche Verarbeitungsstufen muss man annehmen:

1. **Konzeptualisierung:** Gesamtsprechhaltung mit dominierender Vorstellung bzw. Sprechhandlungsziel mit Sinnkern und Spannbogen als Rahmen)
2. **Formulierung** mit
   a) *grammatischer Kodierung:*
      - Aktivierung lexikalischer Einheiten (Inhaltsplan)
      - Aufbau einer syntaktischen Struktur (Formplan): Anknüpfung im (gegliederten) Vorfeld – Verb – Sinnkern im (gegliederten) Nachfeld
   b) *phonologischer Kodierung:* Sprechschall – Programmierung nach den Lautkombinationsgesetzen der Sprache
3. **Artikulation**

Flüssiges Sprechdenken setzt also eine Konzeptualisierung voraus; verzögert wird sie, wenn der Monitoring-Vergleich der Form (des inneren und/oder äußeren Sprechens) und des Konzepts die Programmierung dominiert.

Sprechdenken und Körper

In den bisher vorgestellten Modellierungen des Sprechdenkprozesses wird die Körpersprache nicht berücksichtigt. Neuere psycholinguistische Untersuchungen am Max-Planck-Institut für Psycholinguistik in Nimwegen (DE RUITER 1998) zeigen aber, dass die Körpersprache kein Epiphänomen des Sprechens ist. Gesten werden nicht gemacht, um der Äußerung etwas hinzuzufügen, sondern sie sind fundamental an der Konzeptualisierung beteiligt. Sie sind synchron antizipierend und erleichtern den Abruf von Konzepten aus dem Gedächtnis.

Menschen gestikulieren oft beim Sprechen, und die Gesten sind eng mit dem Sprechprozess verbunden, denn sie treten ausschließlich beim Sprechen, nicht beim Zuhören auf und ihre Bedeutung steht in direktem Zusammenhang zur Rede. De Ruiter unterscheidet deiktische, emblematische, taktschlagende und ikonische Gesten (1998, 2 f., nach D. McNeill 1992):

- **Deiktische Gesten** (Zeigen) verweisen auf einen bestimmten Ort oder eine bestimmte Richtung. In unserem Kulturkreis wird der Zeigefinger häufig für diese Gesten benutzt, aber in anderen Kulturen sind es auch andere Finger oder die Lippen.
- **Embleme** sind Gesten mit einer bestimmten, konventionalisierten Bedeutung (Daumen nach oben = o. k.; Zeigefinger an den Lippen = leise sein).
- **Beats, taktschlagende Gesten**, sind rhythmische Auf- und Abbewegungen der Hand, die keine Bedeutung zu haben scheinen. Es wird vermutet, dass diese Gesten mit der Phonologie des Gesprochenen zusammenhängen und den Sprechrhythmus dirigieren.
- **Ikonische Gesten** haben eine bedeutungsvolle Beziehung zum Inhalt der Rede, z. B. eine Spiralbewegung mit dem Zeigefinger beim Sprechen über einen Strudel etc.

Parallel zur Vorbereitung und Planung der Äußerung wird auch die Geste vorbereitet und geplant. Das Timing der Sprachproduktion beeinflusst das Timing der Gestik und umgekehrt. Gesten gehen immer der sprachlichen Äußerung, die sie begleiten, voraus. Gesten und Sprachäußerung werden also nicht gleichzeitig initiiert, und Gesten treten nicht deshalb vor dem Wort auf, auf das sie sich beziehen, weil der Prozess der Gestikproduktion weniger komplex ist als der Produktionsprozess der sprachlichen Äußerung. Nach de Ruiter treten Gesten deshalb vor dem Wort auf, das sie begleiten, weil die Konzeptualisierung auf das Signal der Gestikplanung wartet. Gestikulieren erleichtert das Sprechen durch die (Re-)Aktivierung visueller Repräsentationen im Kurzzeitgedächtnis. Die Sprachproduktion kann erst beginnen, wenn der Prozess der Gestikplanung beendet ist und ein Signal an die Konzeptualisierung sendet. Nach de Ruiter unterstützt Gestik den Sprechprozess also, indem sie Repräsentationen in der Erinnerung leichter zugänglich macht (Zugriff-Abruf-Hypothese). De Ruiter unterscheidet grundsätzlich zwei Hypothesen über die mögliche Erleichterungsfunktion der Gestik:

1. Zugriff-Abruf-Hypothese: Gestik erleichtert den Zugang zu Repräsentationen im Gedächtnis.
2. Encoding-Hypothese: Gestik erleichtert den Sprechproduktionsprozess selbst, z. B. durch den Abruf der korrekten Wörter oder Konzepte.

De Ruiters Versuchspersonen wurden gebeten, Bilder mit einer Vielzahl geometrischer Figuren so zu beschreiben, dass andere Teilnehmer diese Bilder zeichnen konnten. Seine Versuchsanordnung ist den sprecherzieherischen Sprechdenk-Hörverstehensübungen mit Zeichnungsanweisungen sehr ähnlich (z. B. BERTHOLD 1993, 32–41; PABST-WEINSCHENK 1995, 37 f.; WAGNER 1983). Die Versuchspersonen, die die Zeichnungen beschreiben sollten, konnten die Zeichnenden nicht sehen und umgekehrt. Damit wurden Gesten zum Zwecke kommunikativer Verständigung unterbunden. Die Hälfte der Bilder mussten die Versuchspersonen memorieren, bevor sie sie beschreiben sollten. Die andere Hälfte wurde direkt von der Vorlage aus beschrieben. Die Bilder selbst bestanden zuerst aus einer Gruppe leicht zu beschreibender und später aus einer Gruppe schwer zu beschreibender Bilder. Der erhöhte Schwierigkeitsgrad ergab sich daraus, zu beschreiben, wie die Teilfiguren auf dem Bild angeordnet waren und zueinander in Beziehung standen. Das Ergebnis war: Die Versuchspersonen benutzten mehr Gesten, wenn sie die Bilder zuvor memoriert hatten und sie aus der Erinnerung beschreiben mussten. Das unterstützt die Zugriff-Abruf-Hypothese. Außerdem gab es keinen Unterschied in der Häufigkeit der Gesten bei den leichter und schwerer zu beschreibenden Bildern, was gegen die Encodierungs-Hypothese spricht.

Nach de Ruiter lässt sich daraus schließen, dass die Interaktion zwischen Gestik und Äußerung auf einer frühen Stufe der Planung (Konzeptualisierung) stattfindet. Nach KENDON (1980) sind Gesten synchron zum betonten Silbengipfel. In de Ruiters Experimenten wurden die Versuchspersonen auch gebeten, Bilder zu beschreiben und darauf zu zeigen. Dabei fand er heraus, dass die Geste nicht erst mit der betonten Silbe einsetzt, sondern immer vor dem Sprechbeginn des Wortes. Und: Je später die betonte Silbe produziert wird, desto langsamer und länger wird die Geste. Die Gestik passt sich also dem Sprechen an, auch wenn die Rede bei Versprechern unterbrochen wird. Dass die Gestik auch bei Versprechern wieder ihre zeitliche Beziehung (Timing) zur sprachlichen Äußerung herstellt, war für de Ruiter das verblüffendste Ergebnis seiner Untersuchungen. Ein verspätetes Einsetzen der Rede wird kompensiert durch ein verspätetes Einsetzen der Geste und durch eine langsamere Ausführung, so dass das Timing bei den Versuchen mit verspäteter Rede immer identisch war mit dem bei normalem Redeeinsatz.

Die Dauer der Unterbrechung oder Verzögerung selbst wurde kompensiert durch ein längeres Heraushalten der Zeigehand. Diese Verlängerung der Haltephase der Gestik bei Unterbrechungen im Sprechfluss unterstützt einen wichtigen Aspekt der Modellierung de Ruiters: Die Geste wird gehalten, bis die Konzeptualisierung das Feedback erhält, dass die begleitende Sprechproduktion erfolgreich ist. Die Anpassung des Gestenbeginns und der Ausführungsgeschwindigkeit an den verspäteten Sprechbeginn ist schwierig in das Modell zu integrieren. Während der gleichzeitigen Planung von Gestik und Sprechen in der Konzeptualisierung wird nicht nur der Gestikbeginn verzögert, sondern auch die Ausführung verlangsamt, wenn es Probleme bei der Sprachproduktion gibt. Danach könnte man auch glauben, dass Gestik und Sprechen vollständig interaktiv zusammenwirken (McNeill 1997).

Aber vollständige Interaktivität würde beides komplex und aufwändig machen. Es würde implizieren, dass jede paar Millisekunden die Gestenproduktion mit dem Fortschritt der Sprechplanung verglichen und entsprechend angepasst werden müsste. Nicht nur ein entsprechendes Modell wäre sehr kompliziert, sondern es bedürfte auch einer weitaus größeren Anstrengung, als für die Synchronisation notwendig wäre, und das widerspräche dem physiologischen Grundsatz der Ökonomie (minimaler Aufwand für maximalen Effekt). Für die Gestikplanung ist es ausreichend, Informationen über die annähernde Verzögerung beim Onset der Rede zu haben, damit das erzeugte Bewegungsprogramm harmonisch angepasst werden kann.

Gestik und eine offene Haltung

Ob nun die Zugriff-Abruf-Hypothese stimmt, wie de Ruiter meint, oder ob doch eine vollständige Interaktivität zwischen Gestik- und Sprechplanung vorliegt, in jedem Fall muss die Funktion der Gestik für das Sprechdenken berücksichtigt werden. So sind z. B. Anleitungen zum Sprechdenken auf jeden Fall um die Körpersprache zu ergänzen.

Statt nur zu empfehlen: „Sichere dir Sinnwort, Anschluß und Verb. Dann kannst du zu sprechen beginnen; […]" (Winkler ²1969, 424), müsste es heißen: „Sichere dir Sinnwort, Anschluss und Verb **und nimm eine offene Haltung ein,** damit die Hände gestikulieren können."

Die optische Struktur dient beim Reden nicht nur der Veranschaulichung, unterstützt nicht nur die Glaubwürdigkeit, sondern sie erleichtert oder behindert auch das Sprechdenken. Das bestätigen beliebige Beispiele von Redeübungen: Bei geschlossener Haltung wird die Gestik unterdrückt und es treten vermehrt Sprech-Unflüssigkeiten auf – neben Mitbewegungen von Kopf, Körper oder Beinen und Füßen zur Ableitung der vorhandenen motorischen Energie, die störend wirken, weil sie nicht kommunikativ-funktional die Äußerung unterstützen.

Hörverstehen: aktiv und intentional

Der Prozess des Hörverstehens und der des Sprechdenkens sind in der mündlichen Kommunikation immer wechselseitig aufeinander bezogen. Jemand, der zuhört und verstehen möchte, beflügelt das Sprechdenken des Sprechers, wie schon Kleist in seinen Erfahrungen geschildert hat.

Wenn Sie in einem Gespräch mit Ihren Gedanken abschweifen und Ihrem Partner nicht mehr richtig zuhören, können Sie trotzdem zumeist seinen letzten Satz wiederholen, weil sie ihn noch „im Ohr", also in Ihrem Ultrakurzzeitgedächtnis, gespeichert haben. Wir bekommen vieles mit, auch wenn wir uns nicht darauf konzentrieren und es nicht weiterverarbeiten wollen. Allerdings hat dieser erste Wahrnehmungsspeicher nur eine begrenzte Aufnahmekapazität: Die Gegenwartsdauer reicht etwa für einen Satz (ca. 8–10 Sekunden). Wenn aber das Gehörte anschließend nicht verarbeitet wird, gehen die Informationen verloren, man vergisst sie.

Richtiges Zuhören setzt voraus, dass wir uns innerlich mit dem beschäftigen, was wir hören, dass wir versuchen, es auf dem Hintergrund unserer eigenen Erfahrungen nachzuvollziehen, um es zu verstehen. Zuhören im Sinne des Hörverstehens ist also ein aktiver und intentionaler Prozess. Ein Bach plätschert unverändert weiter, ob ihm jemand zuhört oder nicht. Wenn Menschen sich gegenseitig zuhören, ist das anders: Der Zuhörer beeinflusst mit seiner Art des Zuhörens immer auch den Sprecher. Wenn Ihr Zuhörer z. B., während Sie ihm etwas erzählen, skeptisch die Augenbraue hochzieht und sich vorlehnt, als wolle er Sie gleich unterbrechen, beeinflusst Sie das in Ihrem weiteren Sprechen. Vielleicht werden Sie etwas lauter und schneller, weil Sie sich nicht unterbrechen lassen wollen, und wiederholen Ihr letztes Argument, um den Partner doch noch zu überzeugen. Oder Sie halten inne, machen eine Pause, weil Sie hören wollen, was Ihr Gegenüber einzuwenden oder zu fragen hat. Zuhören ist wie das Sprechen eine Form der Beeinflussung. Hörverstehen ist die Komplementärhandlung zum Sprechdenken in der mündlichen Kommunikation.

Die physiologische Funktionsweise des Ohrs

Grundlage des Hörverstehens sind die physiologischen Prozesse beim Hörvorgang: Die Schallwellen treffen auf das äußere Ohr, das von der Ohrmuschel bis zum Trommelfell reicht. Im Mittelohr werden sie von den Gehörknöchelchen Hammer, Amboss und Steigbügel verstärkt, und im Innenohr, der Cochlea oder Schnecke mit ca. 25.000 Hörhärchen an der Basilarmembran, werden die mechanischen Schwingungen in Nervenimpulse umgewandelt. Über den Nervus acusticus oder vestibulocochlearis werden die Impulse über verschiedene Schaltstellen zu den Hörzentren im Gehirn, vor allem in der Großhirnrinde, weitergeleitet und dort verarbeitet. Das Hörfeld liegt zwischen 16 und 16.000 Hz (Hertz; Schwingungen pro Sekunde) bei normaler Hörfähigkeit. Im Alter werden hohe Frequenzen nicht mehr so gut wahrgenommen, die Hörfähigkeit sinkt auf bis zu 5.000 Hz ab. Als Infraschall bezeichnet man Schwingungen unter 16 Hz, als Ultraschall Schwingungen über 20.000 Hz. Der optimale Hörbereich liegt um 3.000 Hz.

Die Hörschwelle gibt den niedrigsten Schalldruck (Lautstärke) an, der notwendig ist, um einen Höreindruck hervorzurufen: Bei 1.000 Hz liegt die Hörschwelle bei 0 dB (Dezibel), die Schmerzschwelle bei 130 dB. Bei langsameren Schwingungen, so genannten tiefen Tönen, ist ein größerer Schalldruck erforderlich, um einen Ton wahrzunehmen. Die Hörschwelle liegt z. B. bei 30 Hz etwa bei 65 dB, bei 100 Hz bei etwa 35 dB.

Für die Hörwahrnehmung der menschlichen Stimme werden Frequenzen im Zentrum des Gesamthörfeldes erzeugt, die auch bei Teilhörverlusten zumeist noch wahrnehmbar sind: „Bei Männerstimmen liegt die Grundtonhöhe durchschnittlich bei 125 Hz, bei Frauenstimmen im Oktavabstand (dem ersten harmonischen Oberton) bei durchschnittlich 250 Hz; die gesamten mit menschlichen Stimmwerkzeugen bildbaren (vokalischen) Obertöne liegen im Bereich zwischen 250–3500 Hz. Sie liegen also in dem Bereich, in dem auch relativ ‚leicht', d. h. ohne extremen Schalldruck, gehört werden kann und in dem das Innenohr optimal funktioniert. Sie liegen im Bereich ‚optimaler Hörbarkeit'" (GEIßNER 1984, 19).

Bei der physiologischen Verarbeitung (Motortheorie der Sprachwahrnehmung) werden beim Hören und Verstehen sprachlicher Reize auch Nervenimpulse an den Sprechwerkzeugen festgestellt, die zur Erzeugung ebendieser sprachlichen Äußerung aktiviert werden („Ideoralgesetz" nach HELLPACH 1951, 70; „verdeckte physiologische Aktivität der Artikulationsorgane" nach LEONT'EV 1975, 181). Das Verstehen komplizierter sprachlicher Informationen ist beim stillen Lesen demnach schwerer. Wird (halb-)laut gelesen, wie man es bei Kindern und alten Menschen manchmal beobachten kann, fällt das Verstehen leichter, weil die Nervenimpulse dabei verstärkt auftreten.

Intrapsychische Verarbeitungsprozesse beim Hörverstehen

Beim Hörverstehen geht es um die aktive Interpretation einer Äußerung bis hin zum Durchführen oder bewussten Ablehnen der in ihr enthaltenen Handlungsanweisungen. Nach der Analyse-durch-Synthese-Theorie (HÖR-

MANN 1976) wird beim Hörverstehen entweder vom akustischen Signal her analysiert oder mit Hilfe des Vorwissens synthetisiert. Der Zuhörer baut sich Einheiten auf verschiedenen Ebenen (akustisch-phonetisch, syntaktisch, lexikalisch-semantisch, kontextuell) auf und entwickelt auf jeder Ebene ein Erwartungsprogramm.

Die Verarbeitungsprozesse verlaufen weitgehend parallel und interaktiv. In der Kognitionspsychologie werden grundsätzlich zwei Verarbeitungsprozesse (GUTJAHR/KYRITZ 1985) unterschieden. Beide greifen ineinander und stehen in einem ständigen Wechselspiel:

a) *Top-down:* Die absteigende Verarbeitung ist wissens-, konzept-, schema- und erwartungsgeleitet. Sie führt zur semantischen Integration der Inhalte in vorhandene Wissensstrukturen.
b) *Bottom-up:* Die aufsteigende Verarbeitung ist daten- und textgeleitet. Sie wird vom akustischen Signal ausgelöst, das der Hörer unmittelbar strukturell analysiert und interpretiert, so dass die Identifizierung der Bedeutung zum frühestmöglichen Zeitpunkt erfolgt.

Wissensbestände (über Sachverhalte, Ereignisse, Situationen, Einschätzungen, Wertungen), Konzepte, inhaltliche und formale Schemata (wie Kommunikationsprozeduren und rhetorische Gliederungen) sind vernetzt im Langzeitgedächtnis vorhanden. Im Analyseprozess werden sie über Rekodierungsstrategien ins Arbeitsgedächtnis geholt. Im Kurzzeitgedächtnis erfolgt dann die Identifizierung, Dekodierung und Verarbeitung der Zeichen.

Durch Wiederholen (*rehearsal*) kommt es zu Kodierungsverstärkungen; die Informationen werden nach logischen Prinzipien umstrukturiert (*clustering*) und in Kategorien geordnet; daraus können Superzeichen gebildet werden (*chunking*). So baut der Hörer eine propositionale Mikro- und Makrostruktur auf und verarbeitet Texte konzeptuell und strukturell. Diese Um- und Weiterverarbeitung der Informationen ist ein Konstruktionsprozess, der es ermöglicht, die Informationen in das Langzeitgedächtnis zu überführen.

Im episodischen Gedächtnis erfolgt die Speicherung von zeit-räumlich festgelegten Vorgängen und Zuständen und deren subjektive Einordnung. Das semantische Gedächtnis generalisiert und speichert die Bedeutungen. Für zeitliche Abläufe werden Skripts angelegt, die dann auf textgeleitete Verstehensprozesse bezogen werden. Verbessert wird die Nutzung des Gedächtnisses durch Strategien wie Suchprinzipien (*cues*), die Abrufinformationen aktivieren.

Im Arbeitsgedächtnis integriert der Hörer in einem synthetischen Verwendungsprozess Sprachwissen, Sprachkönnen und Weltwissen (EGGERS 1996, 14f.).

Fähigkeiten des Hörverstehens

Im Fremdsprachenunterricht unterscheidet man folgende Fähigkeiten des Hörverstehens (nach NEUF-MÜNKEL 1988 und NEBE-RIBAKI 1994):

- Globales Hörverstehen: Man hört in einen Hörtext hinein und entnimmt nach dem Kongruenzprinzip Informationen, die man erwartet (Top-down-Verarbeitungsprozess), z. B. wenn man bei einer Diskussionssendung nur versucht, herauszuhören, ob bestimmte Themen angesprochen werden. Man will Schlüsselbegriffe verstehen oder einen Einblick in die Textstruktur bekommen.
- Selektives Hörverstehen: Der Hörer weiß, dass bestimmte Informationen wie Namen, Daten, Zahlen, aber auch bestimmte Wörter, Definitionen, Thesen und Argumente im Hörtext vorkommen und konzentriert sich darauf. Das selektive Hören kann durch Aufgaben gesteuert werden. Werden arbeitsteilig in Gruppen verschiedene Aufgaben verteilt, kann die Zusammenschau zum detaillierten Hören führen. Der Verarbeitungsprozess ist durch die Aufgabenstellung sowohl wissens- als auch textgeleitet, vorausgesetzt, die Sprachkompetenz ist so gut, dass der Hörtext analytisch verarbeitet werden kann.
- Selegierendes Hörverstehen: Der Hörer entscheidet individuell, dass und welche Informationen er entnehmen möchte z. B. für eine Zusammenfassung. Bei der Top-down-Verarbeitung müssen Unterschiede wahrgenommen und bearbeitet werden. Aufgrund des vorhandenen Sprachwissens ist auch eine semantische Verarbeitung möglich. Diese Hörart ist im Fremdsprachenunterricht sehr wichtig, weil sie authentischen Hörprozessen im Alltag entspricht.
- Detailliertes Hörverstehen: Es geht um das Erhören von Texten und ihr Erfassen bis in die Details. Geleitet vom Sprachwissen und der textexternen Propositionsstruktur werden die Makro- und Mikrostruktur des Hörtextes, die logischen Relationen, Modalaussagen und Sprecherintentionen erfasst. Der Verarbeitungsprozess ist sowohl *bottom up* als auch *top down* gerichtet.
- Reflektierendes Hörverstehen: Die semantische Integration über das Clustering und Chunking in bereits angelegte Schemata verläuft bewusst reflektiert.
- Totales Hörverstehen: kommt auch bei Muttersprachlern kaum vor.

In der Sprecherziehung differenziert man die Stufen (1) auditive Wahrnehmung, (2) Etwas-Hören, (3) Zuhören, (4) Hörverstehen und (5) Hörhandeln. Die drei ersten Stufen können noch als Rezeptionsprozesse verstanden werden, aber Hörverstehen und Hörhandeln „sind nicht mehr ‚rezeptiv', sondern im Prozeß der Sinnkonstitution ‚produktiv'" (GEIẞNER 1984, 20 f.). Handlungsleitend sind dabei die Hörmuster, die ein Mensch im Laufe seines Lebens erworben hat und die Bestandteil seiner Kommunikationsbiografie sind (GEIẞNER 1984, 35). Wie Sprache überhaupt sind auch Sprech- und Hörmuster gesellschaftlich vermittelt und veränderbar.

Hörerziehung ist Teil der Sprecherziehung

Im Sinne moderner Hörerziehung beschränkt schon Drach 1922 seine Sprecherziehung nicht auf das Training von Sprechfertigkeiten. Da er vom Begriff der Mitteilung ausgeht, hat er den Hörer immer mit im Blick: „Alles wirkliche Sprechen dient der Mitteilung an mindestens einen anderen Menschen. [...] Durchgängig zielt jedes Sprechen auf mindestens einen bestimmten Hörer, dem es des Sprechers Gedanken, Gefühle, Willensantriebe vermitteln soll; Sprechen ohne Ziel gibt es nicht. Zu jedem Sprechen gehören zwei: ein Sprecher und ein Hörer“ (Drach 1926, 14f.). Parallel zum Begriff der Sprechsituation redet Drach auch schon von der Hörsituation. Sie umfasst „die Gesamtheit aller vorausliegenden psychischen Erlebnisse bis zum Augenblick des Hörens, die irgend mit dem Gehörten in Beziehung stehen können“ (1926, 138f.).

In seiner Redekurs-Methodik ist der Ansatzpunkt der rednerischen Kritik immer die Wirkung, die bei den Hörern hervorgerufen wird; dabei hält er die rhetorische Vorbildung der Hörer für unerheblich (Drach 1932, 20): Er nimmt jeden Hörer gleichermaßen ernst und empfiehlt schon eine konstruktive Kritik mit Sichtung von Gelungenem und Mißlungenem und Verbesserungsvorschlägen statt Vorwürfen (Drach 1932, 15). Drach versteht seine Rhetorik also bereits als Hörerziehung. Hören bedeutet für ihn einerseits genaues Zuhören, Analysieren, aufmerksames Prüfen; andererseits aber auch sachlich-bereitwilliges Zuhörenkönnen, bei dem man sich mit menschlicher Anständigkeit begegnet, die Überzeugung des Gegners achtet und sich nach dem sportlichen Prinzip des Fairplay verhält: „Selbst wer über die schwerwiegendsten Lebensfragen völlig anderer Meinung ist, braucht darum weder ein Trottel noch ein Schuft zu sein, und es ist kein Beweis für die Wahrheit der eigenen Meinung, sich ihm gegenüber als Rüpel zu benehmen: auch diese Staatsbürgerweisheit müssen erfahrungsgemäß einige erst im Redekurs lernen“ (Drach 1932, 25).

Wenn von der Grundschule an kontinuierlich Redeübungen durchgeführt und konstruktiv kritisiert werden, trägt dies auch zu mehr Toleranz und gegenseitiger Akzeptanz bei.

2 Rhetorisches Handeln im Unterricht

Unterrichten, anderen etwas vermitteln oder „beybringen", wie man es früher nannte, ist immer ein rhetorischer Kommunikationsprozess. Im Unterricht geht es genauso wie bei jeder Rede oder einem Gespräch um handlungsauslösendes Sprechen. Der jeweilige Sprecher oder die Sprecherin verfolgt ein Ziel und möchte bei den Zuhörerinnen und Zuhörern etwas Bestimmtes erreichen, sei es, dass sie Informationen kennenlernen und zukünftig wissen oder dass sie sich eine Meinung von etwas bilden oder sich von einer Position überzeugen lassen und dann etwas Bestimmtes denken oder tun.

Während eine Rede oder ein Gesprächsprozess kurzfristig ist und dadurch leichter überschaubar, ist Unterricht wesentlich komplexer und auf längerfristige Zusammenarbeit angelegt. Die Tätigkeit einer Lehrperson ist ungefähr vergleichbar den kommunikativen Aufgaben einer Führungskraft. Die Vorbereitung einer Kurzrede kann aufgrund der Nähe von Didaktik und Rhetorik als ein elementares didaktisches Modell aufgefasst werden und die rhetorische Kompetenz ist eine Voraussetzung für Vermittlungskompetenz.

Seit langem ist unbestritten, dass die Redefähigkeiten des Lehrers eine Voraussetzung für seine Unterrichtsqualität darstellen, auch wenn in der Lehrerausbildung der Vermittlung von mündlichen Schlüsselkompetenzen bis heute zu wenig Raum gegeben wird. So stellte schon Haase, ein Deutschdidaktiker in den 50er- und 60er-Jahren des 20. Jahrhunderts, fest: "… das Unterrichtsgespräch in einer Klasse kann nicht besser sein als die Gesprächskunst des Lehrers …" (Haase 1953, 169). Denn die Rhetorik des Vermittlers ist eine Metamitteilung zu Inhalten und Zielen des Vermittlungsprozesses und bestimmt maßgeblich die Glaubwürdigkeit und Wirkung der Rede mit. Ob etwas ankommt, hängt immer auch vom persönlichen Sprechstil und der aktuellen rhetorischen Leistung des Vermittlers ab. Wer etwas vermittelt, *bringt* anderen wie ein Redner etwas *bey* und braucht rhetorische Kenntnisse und Erfahrungen. Das wussten schon die antiken Rhetoriker, die in ihren Redelehren auch Grundsätzliches zu Bildung und Didaktik reflektiert haben.

Didaktik und Rhetorik

Begrifflich geht die Didaktik (Bahmer 1994) auf das griechische Verb *didáskein* („lehren“, „unterrichten“) zurück. Didaktik beschäftigt sich heute mit den Zielen, Inhalten und Methoden des Lehrens und Lernens. In diesem Verständnis wird der Begriff erst seit dem 17. Jahrhundert verwendet. Zuvor wurde er literaturwissenschaftlich für besonders lehrhafte Erzähldichtungen benutzt.

Didaktik im heutigen Sinne als produktive Reflexion über Lehr-Lern-Prozesse wurde in der Rhetorik seit den Sophisten betrieben, wenn auch noch nicht so benannt. Die Sophisten haben den Grundstein für unser heutiges Didaktik-Denken geschaffen. Ihnen verdanken wir die uns mittlerweile selbstverständliche Einsicht, dass Wissen und Können durch Lehren und Lernen erworben werden. Im 5. Jahrhundert vor Christus war diese Überzeugung neu und revolutionär. Denn Wissen und Können – und damit die Befähigung zum erfolgreichen Reden und Handeln im Staat – galten bis dahin allein dem Mann von Adel als von Geburt an eigen. Die sophistischen Wanderlehrer begannen, die grundsätzliche Bedeutung des Lehrens zu reflektieren und öffentlich zu diskutieren. Damit haben sie es auf eine rationale Grundlage gestellt und zum Gegenstand philosophischer Auseinandersetzung gemacht. Die Sophisten machten also den Gedanken der Didaktik bewusst, füllten ihn mit Inhalt und setzten ihn selbst in ihrer Lehre in die Praxis um. Sie waren Schöpfer von Grammatik, Rhetorik und Dialektik, die als *téchnai* („Künste“, „Fertigkeiten“, in der römischen Rhetorik *artes*) galten, also als lehrbare, auf Anwendung bezogene Theorien, die sich im praktischen Können erweisen.

Durch die Sophisten wurde auch Dichtung zum Gegenstand der Lehre. Das Dichterwort steht nicht mehr für sich selbst, sondern wird im Literaturunterricht schulmäßig erklärt und interpretiert. Neben Rhetorik, Grammatik (einschließlich Dichtungsinterpretation) und Dialektik lehrten die Sophisten wie z. B. Hippias verschiedene Sachaspekte aus Arithmetik, Geometrie, Astronomie und Musik. In diesen Lehrinhalten zeigt sich bereits die Lehrplanstruktur der *septem artes liberales,* der „sieben freien Künste“, mit *trivium* („Dreiweg“) und *quadrivium* („Vierweg“), die Gegenstand des höheren Unterrichts im Mittelalter bis hin zur Gelehrtenschule des 18. Jahrhunderts waren.

Auch die Unterscheidung nach Voraussetzungen und Bedingungen des Lernens wurde von den Sophisten bereits getroffen. So hat Protagoras, der älteste und einer der bekanntesten Sophisten, schon festgestellt, dass die Unterweisung (*didaskalia*) Begabung (*physis*) und Übung (*askesis*) brauche. Anlage, Vermittlung und Übung sind auch bei Platon und Aristoteles zentrale didaktische Aspekte. Quintilian schließlich sieht die Redegabe im Zusammenwirken von Natur (*natura*), Theorie (*ars*) und Übung (*exercitatio*) und ordnet die Nachahmung (*imitatio*), der schon Cicero große Bedeutung beigemessen hatte, der *ars* unter. Theorie, Übung und auch Nachahmung sind bis heute wesentliche Aspekte in der rhetorischen Lehre im Rahmen der Sprecherziehung.

Die Kurzrede als elementare didaktische Übung

Rhetorische Grundmomente können am *Didaktischen Dreieck* (Stöcker 1970, 44; Prange 1983, 35 ff.; Meyer 1994, 132) verdeutlicht werden: Vermittlung ist ein Kommunikationsprozess, in dem die Beziehung zwischen Vermittler und Lerner grundlegend für das Lehren und Lernen von Sachverhalten ist. Wegen der Vergleichbarkeit mit Kommunikationsmodellen (z. B. Pabst-Weinschenk 1995, 21; oder auch das Organonmodell, Seite 21) wird das Didaktische Dreieck hier um 90 Grad nach links gedreht und mit modernisierten Begrifflichkeiten versehen.

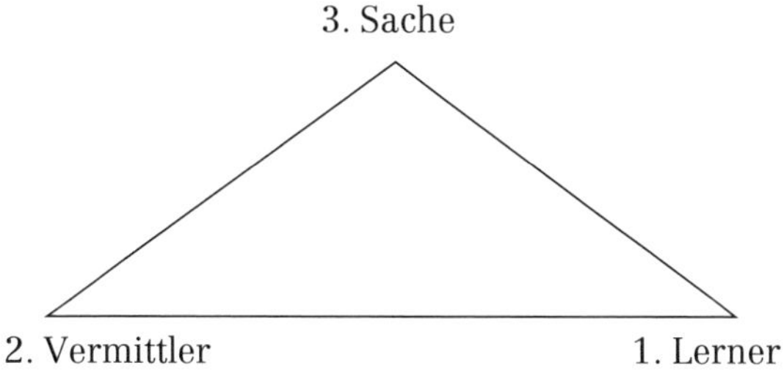

Didaktisches Dreieck

In der Rhetorik geht man grundsätzlich von der Wirkung aus; das bedeutet, dass die Orientierung am Lerner (1.) grundsätzlich als Hörerbezug berücksichtigt wird: Wie spricht man das Publikum an? Wie holt man die Zuhörer ab? Wie motiviert man sie, wenn man sie überzeugen möchte? Feedback und konstruktive Kritik sind daher in rhetorischen Lernprozessen unverzichtbar. Der Redner gestaltet als Vermittler (2.) den Kommunikationsprozess. In seinem Redehandeln zeigt sich seine persönliche Gesprächsfähigkeit, die für Lerner immer auch Vorbildfunktion hat. Vermittler wirken umso glaubwürdiger, je kongruenter Inhalte präsentiert werden (Körpersprache und Sprechausdruck als Metamitteilung). Im Hinblick auf die Sache (3.) stellen sich grundsätzliche didaktisch-methodische Fragen: Was soll wie und warum vermittelt werden? Dem entsprechen in der Rhetorik *inventio,* das Auffinden, und *dispositio,* die Gliederung des Stoffs, die in der Vorbereitung von Redeübungen besonders berücksichtigt werden.

Folgt man dem didaktischen Grundsatz „Von der Rede zum Gespräch" (PABST-WEINSCHENK 1991), ist das Vorbereiten und Halten einer Kurzrede eine elementare didaktische Übung (siehe auch PABST-WEINSCHENK 2003b). In der rhetorischen Erwachsenenbildung hat sich dieser Grundsatz bewährt. Denn in Redesituationen hat der Redner oder die Rednerin zunächst das Rederecht. Das verpflichtet zur Übernahme von Situationsverantwortung und stärkt die Bewusstheit intentionalen Redehandelns. Die Notwendigkeit zur Prozess-Steuerung und Kooperation wird deutlich erlebbar. Die Komplexität der Interaktion ist im Gegensatz zu aktuell-dialogischen Situationen reduziert, der Transfer auf komplexere Situationen (Zweier-, Kleingruppen- bis zum Großgruppengespräch) möglich.

Bei der Redevorbereitung ist die Orientierung am Trichter-Modell (PABST-WEINSCHENK 1995, 75 ff.) zu empfehlen, weil sie wesentliche didaktische Fähigkeiten erfahrbar macht: vom breiten Recherchieren zur Eingrenzung, bewussten Zielsetzung mit Auswahl und Legitimation der Auswahl bis hin zur lernerorientierten Strukturierung des Ablaufs mit Medieneinsatz.

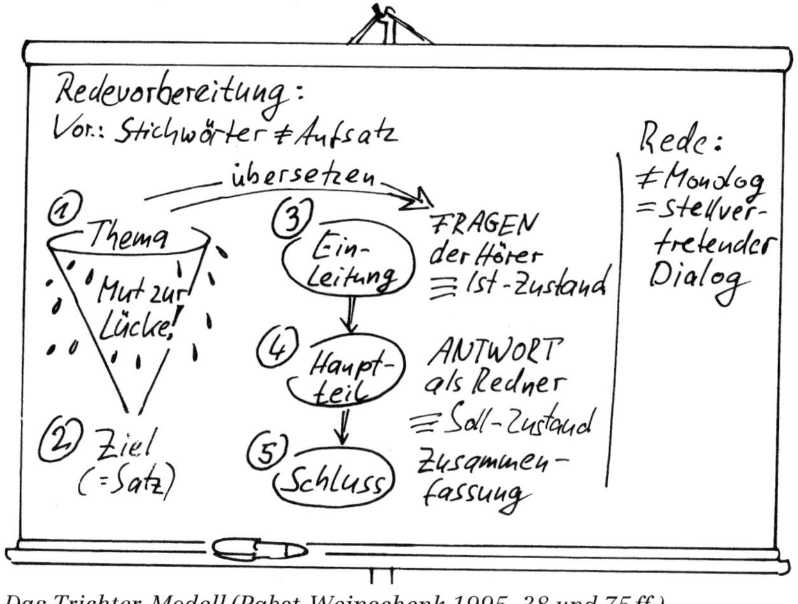

Das Trichter-Modell (Pabst-Weinschenk 1995, 38 und 75ff.).

Tipps zur Vorbereitung

Mündliche Vorträge werden anders konzipiert als schriftliche Hausarbeiten. Gesamtaufbau und Sprachstil sollten einfach und verständlich sein, damit die Zuhörerinnen und Zuhörer alles gut verfolgen und auf Anhieb verstehen können. Auch wissenschaftliche Vorträge sollten nicht umständlicher und komplizierter formuliert werden, als es unbedingt notwendig ist.

Reden sollte man üben, und zwar immer unter Berücksichtigung der Zeitvorgabe. Folgende Checkliste sei zur Selbstkontrolle empfohlen, aber bitte mit Vorsicht: Stehen Sie nicht wie das eigene schlechte Gewissen neben sich und schauen Sie sich nicht selbst ständig beim Reden zu. Denn das erzeugt Stress und blockiert. Besser ist es, den Vortrag aufzunehmen oder einem Bekannten vorzutragen, der anschließend konstruktiv kritisiert (siehe Seite 56).

Checkliste zur Redekontrolle

Haltung und Gestik:
Wie ist mein Auftreten?
Ist meine Körperhaltung offen?
Lasse ich meine natürliche Sprechgestik zu oder unterdrücke ich meinen Bewegungsdrang, so dass unmotivierte und störende Ableitungsbewegungen entstehen?

Sprech- und Atemtechnik:
Spreche ich deutlich, langsam und laut genug?
Mache ich genug Pausen (z. B. Absätze hörbar machen)?
Senke ich die Stimme am Satzende ab (Kadenzen als akustische Satzschlusszeichen)?
Atme ich ruhig durch und halte nicht in den Pausen die Luft an?
Klingt meine Stimme voll und nicht zu gepresst?

Hörerbezug:
Halte ich Blickkontakt mit meinen Zuhörerinnen und Zuhörern? (Alle Teilnehmenden im Blickfeld haben, orientierungslosen „Scheibenwischerblick“ vermeiden, gezielt einige Personen für kurze Momente anschauen.)
Denke ich an den Kenntnisstand der Zuhörerinnen und Zuhörer? (Nicht zu viel Wissen voraussetzen.)

Zeige ich Engagement und wecke Interesse bei den Zuhörerinnen und Zuhörern z. B. durch rhetorische Fragen als Zwischenüberschriften, direkte Anreden und anschauliche Beispiele?
Achte ich auf einfachen, verständlichen Satzbau und Konkretheit des Inhalts? (Kurze Sätze, wenig Fremdwörter, keine unnötigen Wiederholungen, Zitate mündlich mit „Zitat“ bzw. „Zitat Ende“ kennzeichnen.)
Lasse ich Raum für Zwischenfragen?

Beginn und Schluss:
Wie ist mein Einstieg? (Einleitung gut überlegen, nicht direkt losreden, sondern erst mit Blickkontakt die Aufmerksamkeit der Zuhörerinnen und Zuhörer sammeln, ausatmen und dann das Thema selbstbewusst und positiv vorstellen.)
Habe ich einen guten Schluss/Abgang? (Der erste Eindruck ist entscheidend für die Motivation der Zuhörerinnen und Zuhörer, der letzte Eindruck bleibt besonders in Erinnerung, also einen guten Schlusssatz planen, nicht unvermittelt abbrechen und die Flucht antreten!)

Unterstützende Maßnahmen:
Visualisierungen wichtiger Schritte (Folien, Tafelbild, Dias, Filme etc.)
Thesenpapier (als Handout zu Beginn, als Zusammenfassung zwischendurch oder zum Schluss)

Die Lehrperson als Sprechvorbild

Die praktischen Hinweise im vorigen Abschnitt dieses Kapitels können Lehrpersonen auch bei eigenen Übungen helfen, wenn sie ihre persönlichen rhetorischen Fähigkeiten schulen wollen. Lehrpersonen stellen für ihre Schülerinnen und Schüler immer auch ein Sprechvorbild dar. Sie sollten sich dieser Funktion bewusst sein und sie positiv zu füllen versuchen. Das bedeutet nicht, perfektionistische Ansprüche an sich zu stellen, sondern mit gutem Beispiel voranzugehen, auch bei Übungen, und sich genauso wie die Schülerinnen und Schüler der konstruktiven Kritik zu stellen. Lehrpersonen haben zwar einen Wissens- und Erfahrungsvorsprung und sind rhetorisch gesehen die Situationsmächtigen, die im Unterricht für Gesprächsorganisation, Beziehungsgestaltung und Progression in der Themenbearbeitung verantwortlich sind. Dennoch sollten sie ihren Schülerinnen und Schülern auch vermitteln, dass sie immer noch dazulernen und selbst z. B. verschiedene Präsentationsformen ausprobieren, die mal besser, mal schlechter gelingen können. Wenn Lehrpersonen ihre Schülerinnen und Schüler um Rückmeldungen zu ihren Redeleistungen bitten und diese die Lehrpersonen in Feedback-Prozesse selbstverständlich einbeziehen, zeigt sich, dass Unterricht als gemeinsame Lernsituation begriffen wird.

Kooperativ ...

Die Lehrperson ist rhetorisch betrachtet situationsmächtig. Sie plant die Situation, setzt Ziele, sucht Übungen aus, stellt Materialien bereit usw. Aber sie kann die Situation nicht nach ihrem persönlichen Belieben gestalten. Es gibt verbindliche Vorgaben in den Lehrplänen, Absprachen im Kollegium, mit Eltern etc. Entscheidendes Kriterium in der Rhetorik und im Unterricht ist immer die Wirkung: Unterricht ist nur erfolgreich, wenn er bei den Schülerinnen und Schülern ankommt. Deshalb ist Kooperation effektiv. Das bedeutet, in jeder Situation mit den Schülerinnen und Schülern gemeinsame Sache zu machen und sie auch gemeinsam zu verantworten. Diese Schülerorientierung setzt Fachkenntnisse, Methodenkompetenz und persönliche Sicherheit im Unterrichten voraus. Wer unsicher und methodisch noch nicht flexibel ist, wird kaum schülerorientiert vorgehen können. Aus rhetorischer Sicht stellt sich hier grundlegend die Frage, ob man Übungen Schülerinnen und Schülern aufzwingt oder ob man sie davon überzeugt. Denn wenn sie von den Unterrichtsinhalten und Übungen nicht überzeugt werden, ist der Lernerfolg der Schülerinnen und Schüler geringer, da sie sich nicht damit identifizieren, zu Hause nicht weiter üben etc.

... Beziehung gestalten

Sich überzeugen lassen setzt Vertrauen voraus. Eine vertrauensvolle Beziehung entsteht, wenn Schülerinnen und Schüler sich wohl fühlen, wenn sie akzeptiert und ernst genommen werden. Dazu gehören offene Fragen, nicht suggestiv etwas in den Mund zu legen, und ein weitgehender Verzicht auf Bewertungen (Pabst-Weinschenk 1998). Denn Wahrnehmungen und Erfahrungen, auch mit Übungen, sind immer individuell, und es ist wichtig, dass Schülerinnen und Schüler ihre eigenen Wahrnehmungen registrieren und ernst nehmen. Die Formulierungen, mit denen sie sie anschließend beschreiben, sollte die Lehrperson aufgreifen. Denn mit diesen Formulierungen ist das Erleben verbunden. Das setzt voraus, dass die Lehrperson sehr gut zuhören und ihre eigene Fachsprache in den Hintergrund stellen kann.

Wird bei Übungen gemeinsam gearbeitet, können Schülerinnen und Schüler auch am Modell lernen, sie fühlen sich nicht so beobachtet und können sich besser auf Übungen einlassen. Kontraproduktiv, weil nicht überzeugend, ist es, jemanden in die Enge zu drängen durch suggestive Fragen, Anordnungen und massive Appelle. Gesichtsverlust und Degradierung durch Antwortpflicht erzeugen extreme Unterlegenheitsgefühle, die die Beziehung und die Lernbereitschaft zerstören.

Als ein Beitrag zu einer von Vertrauen und Gegenseitigkeit geprägten Beziehung sind auch persönliche Mitteilungen der Lehrperson zu verstehen. Gerade Schülerinnen und Schüler in der Grundschule haben oft ein Interesse daran, etwas Persönliches von ihrer Lehrperson zu erfahren. In Situationen etwa, in denen der persönliche Kontakt im Vordergrund steht, wie im Erzählkreis, kann die Lehrperson sich auch persönlich beteiligen und sollte ihren Schülerinnen und Schülern echtes Interesse entgegenbringen, wenn sie etwas Persönliches erzählen. Signale dafür sind echte Zuhörzeichen wie Nicken und akustische Zuhörzeichen („mh", „ja"), aber auch interessierte Nachfragen etc.

Konstruktiv kritisieren

Zu einem offenen Lernklima gehört auch Konfrontationsmut. Schülerinnen und Schülern oder Eltern müssen auch mal unangenehme Dinge gesagt werden, störende Verhaltensweisen müssen konstruktiv kritisiert werden, z. B. in Elterngesprächen. Auch wenn Spielregeln für ein konstruktives Miteinander im pädagogischen Zusammenhang eigentlich eine Selbstverständlichkeit darstellen, soll hier an die rhetorischen Grundregeln (PABST-WEINSCHENK 1995, 17) kurz erinnert werden:

> „… nicht pauschal bewerten, sondern möglichst genaue Beobachtungen mitteilen;
> nicht nur negative, sondern auch positive Punkte nennen, am besten erst das Positive, dann das Negative;
> die Beobachtungen und den persönlichen Wirkungseindruck beschreiben, am besten persönlich formuliert: *ich* statt *man* oder *das* (vgl. TZI nach Cohn);
> nicht appellieren und dem anderen keine *guten Ratschläge* geben."

Verständnis zeigen und mit Gefühlen umgehen

Perspektivenübernahme, aktives Zuhören, stellvertretendes Verbalisieren und Paraphrasieren sind grundlegende rhetorische Fähigkeiten für alle pädagogisch Tätigen. Denn Schülerinnen und Schüler möchten sich wie das Publikum bei einer Rede oder wie Diskussionspartnerinnen und -partner verstanden fühlen. Dabei muss die Bezugnahme immer inhaltlich adäquat sein. Kurze bewertende Ausdrücke wie „Genau!", „Super, toll!", „Prima, weiter so!“ oder Zustimmung heischende Fragepartikel („ne“, „woll“, „gell?“) reichen nicht aus. Auch wenn sie von der Lehrperson freundlich und positiv gemeint sind, setzen solche Bewertungen und erzwungenen Zustimmungen, wenn sie häufig verwendet werden, Schülerinnen und Schüler eher unter Druck. Ihre Eigenverantwortlichkeit wird nicht gestärkt, sondern sie fühlen sich unterlegen. In Konfliktsituationen, wenn Schülerinnen und Schüler ihre Empfindungen nicht selbst ausdrücken können, ist das stellvertretende Verbalisieren besonders wichtig, wenn auch nicht leicht. Am Problem orientierte Texte können hier helfen, es zu erkennen und besprechbar zu machen. Schon beim Vortrag eines Textes kann man an den nonverbalen Reaktionen beobachten, wie Betroffene sich verstanden fühlen. Natürlich kann man nicht immer auf Texte zurückgreifen, wenn man Verständnis zeigen will, aber sie bieten pädagogisch Tätigen oft eine Hilfe. In der Ausbildung sollte auf diesen Bereich mehr Wert gelegt werden, etwa durch das Verfassen innerer Monologe aus Sicht der Schülerinnen und Schüler in unterschiedlichen Situationen mit verschiedenen Problemen.

Bildungsstandards für Lehrpersonen

Die Diskussion über die Bildungsstandards ist noch im Gange. Im Dezember 2003 hat die Kultusministerkonferenz (KMK) die ersten Bildungsstandards für den Mittleren Bildungsabschluss verabschiedet. Provokant kann man formulieren, dass Lehrpersonen selbstverständlich mindestens diese Bildungsstandards der Klasse 10 erfüllen sollten. Deshalb werden sie hier zu Standards für Lehrpersonen umformuliert:

Bildungsstandards für Lehrpersonen

Lehrpersonen bewältigen kommunikative Situationen in persönlichen, beruflichen und öffentlichen Zusammenhängen situationsangemessen und adressatengerecht.
Sie benutzen die Standardsprache. Sie achten auf gelingende Kommunikation und damit auch auf die Wirkung ihres sprachlichen Handelns. Sie verfügen über eine Gesprächskultur, die von aufmerksamem Zuhören und respektvollem Gesprächsverhalten geprägt ist.
Im Einzelnen beherrschen sie im Bereich Sprechen und Zuhören folgende Fertigkeiten:

- **zu anderen sprechen**
  - sich artikuliert, verständlich, sach- und situationsangemessen äußern
  - über einen umfangreichen und differenzierten Wortschatz verfügen
  - verschiedene Formen mündlicher Darstellung unterscheiden und anwenden, insbesondere erzählen, berichten, informieren, beschreiben, schildern, appellieren, argumentieren, erörtern

- Wirkungen der Redeweise kennen, beachten und situations- sowie adressatengerecht anwenden: Lautstärke, Betonung, Sprechtempo, Klangfarbe, Stimmführung; Körpersprache (Gestik, Mimik)
- unterschiedliche Sprechsituationen gestalten, insbesondere Vorstellungsgespräch/Bewerbungsgespräch; Antragstellung, Beschwerde, Entschuldigung; Gesprächsleitung

- **vor anderen sprechen**
- Texte sinngebend und gestaltend vorlesen und (frei) vortragen
- längere freie Redebeiträge leisten, Kurzdarstellungen und Referate frei vortragen, ggf. mit Hilfe eines Stichwortzettels/einer Gliederung
- verschiedene Medien für die Darstellung von Sachverhalten nutzen (Präsentationstechniken), z. B. Tafel, Folie, Plakat, Moderationskarten

- **mit anderen sprechen**
- sich konstruktiv an einem Gespräch beteiligen
- durch gezieltes Fragen notwendige Informationen beschaffen
- Gesprächsregeln einhalten
- die eigene Meinung begründet und nachvollziehbar vertreten
- auf Gegenpositionen sachlich und argumentierend eingehen
- kriterienorientiert das eigene Gesprächsverhalten und das anderer beobachten, reflektieren und bewerten

- **verstehend zuhören**
- Gesprächsbeiträge anderer verfolgen und aufnehmen
- wesentliche Aussagen aus umfangreichen gesprochenen Texten verstehen, diese Informationen sichern und wiedergeben
- Aufmerksamkeit für verbale und nonverbale Äußerungen (z. B. Stimmführung, Körpersprache) entwickeln

- **szenisch spielen**
- eigene Erlebnisse, Haltungen, Situationen szenisch darstellen
- Texte (medial unterschiedlich vermittelt) szenisch gestalten

Als Methoden und Arbeitstechniken können Lehrpersonen:
- *verschiedene Gesprächsformen praktizieren, z. B. Dialoge, Streitgespräche, Diskussionen, Rollendiskussionen, Debatten vorbereiten und durchführen*
- *Gesprächsformen moderieren, leiten, beobachten, reflektieren*
- *Redestrategien einsetzen, z. B. Fünfsatz, Anknüpfungen formulieren, rhetorische Mittel verwenden*
- *sich gezielt sachgerechte Stichwörter aufschreiben*
- *eine Mitschrift anfertigen*
- *Notizen selbstständig strukturieren und Notizen zur Reproduktion des Gehörten nutzen, dabei sachlogische sprachliche Verknüpfungen herstellen*
- *Video-Feedback nutzen*
- *Portfolio (Sammlungen und Vereinbarungen über Gesprächsregeln, Kriterienlisten, Stichwortkonzepte, Selbsteinschätzungen, Beobachtungsbögen von anderen, vereinbarte Lernziele etc.) nutzen*

Um zu überprüfen, ob die Bildungsstandards von den Lehrpersonen erreicht werden, bieten sich verschiedene Formen in Einzel- wie in Gruppenarbeit an:

Überprüfung der Bildungsstandards für Lehrpersonen	
in einer Gruppe	Gespräch zu Themen, die sich aus dem Fachunterricht ergeben, *evtl. mit Impulsgebung durch einen Zeitungsartikel, ein Bild, eine Karikatur usw.* Diskussion eines vorbereiteten Themas, *z. B. in der Form des Binnenkreises (Fish-Bowl)* Gespräch über literarische Texte, die von Schülerinnen und Schülern vorher zu Hause gelesen worden sind Präsentation von Untersuchungsergebnissen zu einem Sachthema, zu denen die Schülerinnen und Schüler in selbstständiger (auch häuslicher) Arbeit gelangt sind, *z. B. Recherchen, Umfragen, Interviews; möglich sind z. B. Schautafeln, Folien, Collagen, Rollenspiele* Präsentation von Arbeitsergebnissen zu literarischen Texten, Sachtexten, Dramen, Filmen usw.; auch in Form von *szenischer Gestaltung* Präsentation gemeinsam durchgeführter Vorhaben, *z. B. Betriebspraktikum* Rollenspiel zu einer lebensnahen Konfliktsituation
Einzelner	Vortrag eines Referates, u. U. unterstützt durch Präsentationsverfahren (schulische oder häusliche Vorbereitung) Vortrag eines Gedichts mit anschließender Begründung für seine Aufnahme in eine Anthologie Präsentation von Untersuchungsergebnissen zu einem Sachthema, das vor der Überprüfung – auch zu Hause – erarbeitet worden ist Vortrag der Ergebnisse einer Untersuchung, *z. B. eines literarischen Textes, eines Sachtextes oder eines fachlichen Problems* mit weiterführendem Gespräch Vortrag im Anschluss an eine Hörverstehensaufgabe: Zuhören – Mitschrift/Stichwörter als Zusammenfassung – Vortrag Vorstellung eines Sachbuchs oder eines literarischen Buchs

Vieles aus den Bildungsstandards für den Mittleren Bildungsabschluss mag für Lehrpersonen eine Selbstverständlichkeit sein. Deshalb möchte ich hier auch auf die umfassenden Standards hinweisen, die die Deutsche Gesellschaft für Sprechwissenschaft und Sprecherziehung (DGSS) e. V. als Vorlage für die Beratungen der Kultusministerkonferenz erarbeitet hat. Diese „Bildungsstandards Mündliche Kommunikation" umfassen alle Bildungseinrichtungen von der Vorschule bis hin zu unterschiedlichen Studiengängen (Pabst-Weinschenk 2004a). Hier seien einige wesentliche Auszüge genannt. Sie sind nach den verschiedenen Teilbereichen der mündlichen Kommunikation gegliedert, in Klammern wird jeweils angegeben, ab welcher Jahrgangsstufe die Standards erwartet werden:

Bildungsstandards Mündliche Kommunikation der DGSS

Grundlegende Sprech- und Stimmbildung:
- stimmlich-sprecherische Wirkungsfaktoren und ihre Bedeutung kennen (ab Kl. 7)
- Grundkenntnisse über ökonomischen Stimmgebrauch und Stimmentwicklung (ab Kl. 8)
- sich körpersprachlich und sprecherisch angemessen präsentieren können (ab Kl. 9)
- Standardaussprache beherrschen und ökonomisch die Stimme gebrauchen können (ab Kl. 10)
- sichere Kenntnisse über physiologische Atmung, Stimme, Aussprache besitzen und umsetzen können, Grundkenntnisse über Stimm- und Sprachstörungen bei Kindern und Jugendlichen besitzen (Studienabsolventen von Lehramtsstudiengängen aller Fächer)

Reden zu anderen:
- Informationen (Nachrichten, Berichte) kurz und verständlich strukturieren und vortragen können (chronologisch und nach dem Lead-Stil) (ab Kl. 7)
- Einwände antizipieren können; argumentative Kurzreden im 3-/5-Schritt planen und halten können (ab Kl. 8)
- Appellative Kurzreden nach dem Problem-Lösungs-Schema planen und halten können (ab Kl. 9)
- ein Referat strukturiert, mit Hilfe von Stichpunkten und mit Medieneinsatz adressatengerecht vortragen können (ab Kl. 10)
- komplexe Sachverhalte in Referaten und Fachvorträgen strukturieren und frei nach Stichpunkten und mit Medieneinsatz für verschiedene Zielgruppen verständlich vortragen können (Studienabsolventen aller Fachrichtungen)
- Redeformen didaktisch-methodisch reflektieren und altersgemäß Schülerinnen und Schüler zum Sprechdenken und Hörverstehen und zu verschiedenen Redeformen anleiten können (Absolventen von Lehramtsstudiengängen aller Fächer)
- Konzepte der Redeerziehung kennen, didaktisch-methodisch reflektieren und anwenden können (Absolventen von Lehramtsstudien, Fach Deutsch)

Gesprächsführung
- ein klärendes Arbeitsgespräch in einer Kleingruppe führen können (ab Kl. 6)
- ein Planungs- und Entscheidungsgespräch mit einem Brainstorming in Kleingruppen durchführen können (ab Kl. 7)
- einen Kontrollierten Dialog führen können (ab Kl. 8)
- Verkaufs- und Bewerbungsgespräche führen können (ab Kl. 9)
- einzelne Gesprächsmittel in ihrer Wirkung im Gesprächsprozess einschätzen und angemessen einsetzen können (ab Kl. 9)
- debattieren können (ab Kl. 10)
- selbstständig konstruktive Kritik-Gespräche führen können (ab Kl. 10)
- Gespräche in größeren Gruppen leiten können (ab Kl. 11–13)
- Versammlungen vorbereiten und durchführen können (mit kleineren Moderationsteilen) (ab Kl. 11–13)
- komplexe Moderationen planen und durchführen können, dabei verschiedene Gesprächsmodelle situationsbezogen auswählen und durchführen können (Studienabsolventen aller Fachrichtungen)
- Gesprächsformen didaktisch-methodisch reflektieren und altersgemäß Gruppen entsprechend anleiten können (Studienabsolventen von Lehramtsstudiengängen aller Fächer)

- spezielle Möglichkeiten der Mediation bei Konflikten kennen und Schülerinnen und Schüler dazu anleiten können (Studienabsolventen von Lehramtsstudiengängen aller Fächer)
- Konzepte der Gesprächserziehung kennen, didaktisch-methodisch reflektieren und anwenden können (Absolventen von Lehramtsstudien, Fach Deutsch)

Textsprechen und szenisches Spiel
- sprecherisch-szenische Gestaltungen zu einfachen Texten wie Märchen und Balladen entwickeln können (ab Kl. 6)
- Grundkenntnisse über sprecherische Gestaltungsmittel und ihre Funktion (ab Kl. 8)
- Sprechproben zur Textgestaltung in ihrer Wirkung einschätzen können (ab Kl. 9)
- ein Hörspiel nach einer Vorlage, die umgeschrieben werden muss, gestalten können (ab Kl. 10)
- Rollensprechen (ab Kl. 10)
- Mikrofonsprechen können (ab Kl. 10)
- Texte unterschiedlicher Epochen und Gattungen in Textvorträgen und szenischen Darstellungen interpretieren können (ab Kl. 11–13)
- Formen und Konzepte handlungs- und produktionsorientierter Literaturvermittlung kennen und Schülerinnen und Schüler dazu anleiten können (Absolventen von Lehramtsstudien, Fach Deutsch)
- stimmlich-sprecherische Gestaltungsmittel sicher kennen, anwenden und vermitteln können (Absolventen von Lehramtsstudien, Fach Deutsch)

Auch wenn diese „Bildungsstandards Mündliche Kommunikation“ nicht direkt die Grundschule betreffen (zu den Standards für die Grundschule siehe Kapitel 3), stellen sie dennoch eine wichtige Orientierung dar. Zum einen zeigen sie, wie die Entwicklung in den weiterführenden Schulen voranschreitet und was demnach in der Grundschule angelegt werden muss; zum anderen sind sie auch ein Maßstab für das eigene Wissen und Können der Lehrperson.

Dass das Studium und die Ausbildung im Bereich der mündlichen Kommunikation für Lehrerinnen und Lehrer immer noch unzureichend ist und dringend professionalisiert werden müsste, ist nicht neu. So tritt die Deutsche Gesellschaft für Sprechwissenschaft und Sprecherziehung (DGSS) e.V. seit Jahrzehnten für eine entsprechende fachliche Qualifikation von Lehrerinnen und Lehrern ein (Gutenberg/Mönnich 2003; zur Notwendigkeit auch Lemke 2003; Pabst-Weinschenk 1993c; 1994b). Aber angesichts leerer Kassen belassen es die Verantwortlichen der Kultusministerien vielfach bei reinen Willensbekundungen. Dass sich daran etwas ändert, nachdem die Kultusminister aller Länder die Umsetzung allgemeiner Bildungsstandards verabschiedet haben werden, bleibt zu hoffen. Bis dahin sind allerdings die Lehrerinnen und Lehrer vor Ort auf sich gestellt oder auf Fortbildungsangebote und Lehr-Lern-Materialien angewiesen.

Was kann man als Lehrperson tun?

Sicherlich geben viele Lehr-Lern-Materialien gute Anregungen und Hilfestellungen, wie man mündliche Fähigkeiten vermitteln kann. So will auch dieses Buch Ihnen konkrete Vorschläge für den Unterricht an die Hand geben. Darüber hinaus soll es Sie aber auch anregen, über Ihr eigenes Sprech- und Redeverhalten nachzudenken und Ihren eigenen Redestil zu verbessern.

Vielleicht üben Sie in Ihrem Unterricht mal das eine oder andere rhetorische Steuerungsmittel, wie z. B. die in der folgenden Liste aufgeführten. Wenn Sie sich dabei selbst beobachten oder, besser noch, sich gezielte Rückmeldungen von einem guten Kollegen oder einer befreundeten Kollegin geben lassen, können Sie Ihr rhetorisches Handeln im Unterricht eigenständig professionalisieren.

Dabei sollten Sie immer auch die Rückmeldungen Ihrer Schülerinnen und Schüler ernst nehmen. Sie können die Klasse z. B. fragen, wie ihr das eine oder andere gefallen hat oder was Sie vielleicht noch verbessern könnten. Wichtige Gesichtspunkte in Ihrem persönlichen Training könnten z. B. sein,

- wie sicher und ruhig Sie vor der Klasse stehen,
- wie Sie mit Blickkontakt das Gespräch steuern,
- wie Sie gestikulieren,
- wie langsam und deutlich Sie sprechen,
- wie angenehm Ihre Stimme klingt,
- wie gut Sie betonen,
- wie verständlich Sie formulieren (wie kurz etwa Ihre Sätze sind),
- wie klar Ihre Pausen sind oder ob doch zu viele störende Füllwörter oder -laute einfließen,
- wie gut Sie Informationen gliedern (z. B. mit Fragen oder anderen Zwischenüberschriften),
- wie anschaulich Sie reden (mit Bildern und Beispielen),
- wie gut Sie Ihre Schülerinnen und Schüler motivieren und wie gut Sie Themen für sie problematisieren,
- wie gut Sie mit Medien Ihre Wirkung unterstützen.

Worauf sollte man besonders achten?

Hier seien noch einige Fakten zu Sprechtechnik und rhetorischer Wirkung erwähnt, damit Sie Ihre Beobachtungen besser einschätzen können:

1. Grundsätzlich sollte man beim Reden möglichst ruhig stehen mit einer **offenen Haltung,** damit sich der natürliche Bewegungsdrang funktional in Gesten äußert.
2. Wer **Blickkontakt** hält, sieht in einem Gesprächskreis genau, wer als Nächster z. B. gern etwas sagen möchte, und kann allein über den Blick dem nächsten Sprecher das Wort erteilen.
3. Es gibt Menschen, die lebendiger und größer gestikulieren, und andere, die eher weniger und kleinere **Gesten** machen. Zu seinem Temperament sollte man stehen. Man kann sich nicht beim Reden über längere Zeit verstellen. Wenn etwa ein lebendiger Mensch sich ruhiger gibt, als er eigentlich ist, wird er nach einer gewissen Zeit anfangen, seinen Bewegungsdrang abzuleiten, z. B. mit den Füßen, Beinen, Armen oder auch dem Kopf. Das wirkt viel störender, als wenn er von Anfang an seine lebendigere Gestik zugelassen hätte.
4. Vergleichswerte zum **Sprechtempo:** Grundsätzlich wird das Tempo in Silben pro Minute berechnet. Als langsames Tempo gilt etwa ein Sprechen mit bis zu 180 Silben/Minute (3 Silben/Sekunde). Normal ist ein Sprechen um die 200 Silben/Minute bis zu 240 Silben/Minute (bis 4 Silben/Sekunde). Schnell wirkt ein Sprechen mit über 240 Silben/Minute und sehr schnell bei über 300 Silben/Minute (5 Silben/Sekunde). Dabei werden die Pausen nicht herausgerechnet, weil sie die Wirkung des Tempos mit beeinflussen. So kompensieren z. B. mehr und längere Pausen eine flottere Artikulationsgeschwindigkeit in der Gesamtwirkung. STELZIG ET. AL. (1976, ^{3}1982, 59) dagegen machen keine verbindlichen Angaben über das Sprechtempo. Es könne wohl zu schnell oder zu langsam sein, vor allem müsse es aber sinnbezogen variiert werden. In der Literatur über das Stottern findet man Angaben wie: Stotterer produzieren 42 bis 191 Wörter in der Minute (im Durchschnitt 123 Wörter/Minute); Normalsprecher produzieren 129 bis 222 Wörter (im Durchschnitt 167 Wörter/Minute). Rechnet man diese Angaben um und geht von einem Durchschnitt von zwei Silben je Wort aus, stellt man fest, dass heute die meisten Normalsprecher zu schnell sprechen. Diese Einschätzung passt auch zu meinen Beobachtungen. Viele sprechen sogar so schnell, dass alle Vokale, die unsere Sprache zum Klingen bringen, nur noch ganz kurz gegriffen werden, so dass das gesamte Sprechen etwas gehetzt und wenig klangvoll wirkt. Hört man sich einmal bewusst verschiedene Sender und Sendeformate an, so kann man feststellen, dass gerade in Jugendsendungen oft viel zu schnell gesprochen wird. In Seniorenprogrammen dagegen wird oft betont langsam artikuliert. Für die Grundschule sollte man auf jeden Fall als Sprechvorbild nicht zu schnell sprechen.

5. **Deutlich** sprechen heißt möglichst weit **vorne sprechen,** also Kiefer, Zähne, Zunge etc. möglichst viel und weit nach vorn bewegen. Wer immer eher mit weniger Artikulationsbewegungen gesprochen hat, findet das häufig übertrieben oder sogar affig, doch ein so deutliches Artikulieren führt zugleich zu einer lebendigen Mimik. Das ist gerade für Kinder wichtig, denn eine zu gleichförmige Mimik ist langweilig und ein Pokerface kommentiert zu wenig die Bedeutung und den gemeinten Sinn der Äußerung.
6. Wenn man lächelt, klingt auch die Stimme gleich viel angenehmer. Man kann nicht böse oder aggressiv klingen mit einem **Lächeln auf den Lippen.** Natürlich kann man Stimmstörungen damit nicht behandeln oder verhindern, besonders wenn sich jemand eine unphysiologische Stimmgebung angewöhnt hat. Aber die Mimik ist immer auch ein Indikator für den Stimmklang und die Anstrengung beim Sprechen, die sich in einem zu gepressten Stimmklang äußert.
7. Deutliche **Betonungen** sind gut, und gerade kleinere Kinder brauchen sie, um Wichtiges von Unwichtigem zu unterscheiden. Hüten Sie sich aber vor dem übereindringlichem Lehrerton, bei dem alles sehr wichtig klingt und man keine Unterschiede mehr hört.
8. Wie lang verständliche Sätze sein dürfen, kann man nicht genau bestimmen. Grundsätzlich merkt man an den Reaktionen und Anwendungen sehr genau, ob oder was die Schülerinnen und Schüler gut oder weniger gut verstanden haben. Geht man von der begrenzten Aufnahmekapazität von ca. zehn Sekunden und einem normalen Sprechtempo mit ca. vier Silben je Sekunde aus und rechnet etwa zwei Silben je Wort, dann sind ca. 20 Wörter die Obergrenze der Verständlichkeit. Als Faustregel werden deshalb oft maximal **zehn bis 15 Wörter im Satz** empfohlen. Dabei ist zu beachten, dass es sich um akustische Sätze handelt, d. h. die Sinneinheiten, die sprecherisch mit einem Melodietiefschluss und einer deutlichen Pause gekennzeichnet werden. Der Zuhörer braucht also ca. alle zehn bis 15 Wörter einen akustischen Punkt, der ihm erlaubt, das Gehörte weiter zu verarbeiten. Wer mit vielen Tiefschlüssen redet, wirkt gut vorbereitet durch die klare akustische Gliederung und bestimmter, aber nicht unbedingt simpel. Denn komplexe Zusammenhänge mit Begründungen, Einschränkungen etc., die in Nebensätzen formuliert werden, können nach einem Tiefschluss als Ausgliederungen nachgeschoben werden, so dass grammatikalisch durchaus ein hypotaktischer und komplexer Satzbau einfach und übersichtlich gesprochen werden kann.
9. **Pausen** sind wichtig, zu viele **Ähs und Mhs stören.** Wer mit zu vielen Ähs spricht, will in der Regel schneller reden, als sein Sprechdenken funktio-

niert. Alles ist schon wieder in Sprechbereitschaft – Luft strömt schon wieder aus den Lungen in den Kehlkopf, aber das Signal vom Gehirn, welche Lautfolge produziert werden soll, fehlt noch. Deshalb ist der wichtigste Tipp oft der Mut zur Pause. Sprecherinnen und Sprecher sollen sich die Zeit nehmen, die sie für ihr Sprechdenken brauchen. Aber man sollte auch nicht überkritisch bei jedem Äh sein. Denn nicht jedes Füllwort oder jeder Fülllaut wird überhaupt vom Zuhörer wahrgenommen. Im Alltag kann man immer wieder beobachten, dass erst bei gehäuftem Auftreten von Ähs die Aufmerksamkeit von Zuhörern „umkippt". Zu viele Verzögerungspartikeln beeinträchtigen offensichtlich die inhaltliche Aufnahme des Gesagten, Zuhörer werden sich der Partikeln bewusst und empfinden sie als störend. Aus unfokussierten Feedbacks in allgemeinen Redeseminaren habe ich die Häufigkeit ermittelt, ab wann sich die Aufmerksamkeit der Zuhörer auf Verzögerungspartikeln und andere Füllwörter richtet. Nach meinen Beobachtungen kann man davon ausgehen, dass ein solcher Wert bei fünf liegt: Mehr als fünf Fülllaute je Minute stören vermutlich die Zuhörbereitschaft und Textverständlichkeit. Bei Kurzreden von Studierenden in Veranstaltungen an der Universität Essen habe ich diesen Durchschnittswert im Laufe mehrerer Semester (1993–1998) immer wieder durch den Vergleich der spontanen Rückmeldungen mit der Auszählung der Verzögerungspartikeln bei den anschließenden Video-Analysen festgestellt. Wenn Verzögerungspartikeln ein Kritikpunkt im spontanen Feedback waren, wurden immer mehr als fünf pro Minute bei der Analyse gezählt. Dagegen wurde auch festgestellt, dass nur vereinzelt verwendete Verzögerungspartikeln (weniger als fünf pro Minute) bei den spontanen Rückmeldungen und Besprechungen überhaupt nicht erwähnt, also offensichtlich überhört worden waren.

10. Je deutlicher die Gliederung ist, desto besser können Zuhörer das Gesagte verfolgen. Dabei helfen **rhetorische Fragen** und andere **Zwischenüberschriften** sehr. Deshalb sollte man versuchen, seine Ausführungen für die Zuhörer immer möglichst gut in kleine Informationspakete zu unterteilen.
11. **Bilder und Beispiele** machen Vorträge anschaulich. Grundsätzlich gilt: Ein **induktiver Aufbau** vom konkreten Einzelfall zur Verallgemeinerung ist leichter beim Zuhören zu verarbeiten als ein deduktiver Aufbau vom Allgemeinen zum Konkreten. In der Grundschule muss man ohnehin erst aus der konkreten Anschauung Verallgemeinerungen erarbeiten. Daher ist dieser rhetorische Gliederungsgrundsatz für die Grundschule besonders wichtig.

12. **Motivation und Problematisierung** sind umso besser, je genauer Sprecherinnen und Sprecher sich in ihre Zuhörerinnen und Zuhörer hineinversetzen können: Welche Erfahrungen haben die anderen mit einer Sache schon gemacht? Wie haben sie sich dabei gefühlt? Was interessiert sie? Was wünschen sie sich? Je besser die Lehrperson die **Perspektive** der Schülerinnen und Schüler **verbalisieren** kann, umso leichter lassen diese sich motivieren und erkennen die Relevanz des Problems bzw. der Fragen für sie selbst. Allerdings sollte man nie zu stark emotionalisieren, denn zu große Furcht z. B. blockiert und erzeugt Widerstände (JANIS 1971). Werden dagegen kognitive Dissonanzen (FESTINGER 1971) erzeugt, gehen Zuhörer gut mit und lassen sich auf einen Gedankengang ein.
13. **Medien** haben keinen Selbstzweck, sondern sollten immer funktional eingesetzt werden. Ferner sollten sie wirklich das abbilden, was sie demonstrieren wollen. Farbigkeit und Anschaulichkeit erhöhen die Wirkung von Medien. Den besten Lernerfolg erzielt man, indem man möglichst viele Sinneskanäle anspricht, d. h., ein **ganzheitliches Lernen** fördert. Durch das Hören bleiben dem Menschen nur 20 % des Gesagtem in Erinnerung. Wird dieses jedoch verknüpft mit einem visuellen Reiz, sind es schon 50 %. Erhält man gar die Möglichkeit, das zu Lernende selbst zu erarbeiten bzw. auszuprobieren, bleiben 90 % davon im Gedächtnis. Hinzu kommt, dass man meist mit einer heterogenen Gruppe zu rechnen hat. In der Psychologie unterscheidet man **verbale, visuelle, auditive und haptische Lerntypen.** Der abstrakt-verbale Typ ist in der Lage, sprachliche und andere abstrakte Informationen gut zu verarbeiten. Während ihm bereits das Hören als Informationsquelle ausreicht, muss der visuelle Typ das, was er sich merken soll, sehen. Der haptische Typ indes lernt am besten, wenn er etwas Konkretes zum Anfassen und Fühlen an die Hand bekommt. Der auditive Typ schließlich verarbeitet Informationen über das Hören und Sprechen. Es steht allerdings außer Frage, dass die meisten Menschen Mischformen dieser Lerntypen verkörpern, also z. B. audiovisuelle oder audiohaptische Lerntypen sind.

Übrigens: Reden macht am meisten Spaß, wenn etwas **Humor** im Spiel ist und man auch mal gemeinsam lachen kann. Aber Vorsicht: Grundschulkinder verstehen meist noch **keine Ironie**, deshalb alles bitte ohne doppelten Boden.

3 Übungen für die Grundschule

Wenn man sich der Verantwortung für die Kommunikationsbiografien seiner Schülerinnen und Schüler bewusst ist, steht jeglicher Unterricht in mündlicher Kommunikation unter dem Motto: individuelle Förderung ohne Überforderung und Stärkung der persönlichen Redeleistungen und Sprechsicherheit.

Das freie Sprechen ist ein wichtiges Teilziel, auch wenn das Globalziel die Gesprächsfähigkeit ist. Wer nicht sicher im freien Reden ist, hat auch Schwierigkeiten, mit anderen zu kooperieren, sei es, dass er sich aus Unsicherheit zu sehr zurückhält und die anderen einfach machen lässt, obwohl er innerlich vielleicht Vorbehalte hat, sei es, dass er aus Unsicherheit meint, immer Recht behalten und andere dominieren zu müssen.

Allgemeine Unterrichtsgrundsätze

Wer seinen Schülerinnen und Schülern positive Kommunikationserfahrungen ermöglichen will, sollte einige Anregungen zur Unterrichtsgestaltung beherzigen:

- Grundsätzlich sollte ein **Lernklima** geschaffen werden, in dem alle Schülerinnen und Schüler sich trauen, etwas auszuprobieren, und zwar **ohne Furcht** vor Blamage oder schlechten Noten. Das ist eine notwendige Voraussetzung für effektiven Unterricht, insbesondere beim freien Sprechen (siehe auch die allgemeinen Hinweise zur Förderung flüssigen Sprechdenkens und konzentrierten Hörverstehens, Seite 73 f.).
- Reden lernt man durch Reden nach dem Prinzip ***learning by doing.*** Damit Schülerinnen und Schüler das freie Sprechen auch wirklich üben können, muss man viele Sprechanlässe schaffen.
- Da Grundschülerinnen und -schüler noch sehr konkret denken, fällt ihnen die Unterscheidung von **Form und Inhalt** oft schwer. Deshalb sollte man die Präsentationen immer im Zusammenhang mit dem Inhaltskonzept besprechen.

- Um Redeleistungen verbessern zu können, brauchen wir positive Redeerfahrungen. Deshalb sollte im Unterricht beim freien Sprechen immer **konstruktive Kritik** im Vordergrund stehen, die Gelungenes positiv verstärkt. Das, was die Schülerinnen und Schüler noch verbessern müssen, sollte immer **positiv formuliert** werden, also nicht: „Keine Ähs mehr", sondern: „Mut zur Pause, Pausen sind für die Zuhörer wichtig." Mit der Vorlage „Besprechung eines Vortrags" (Seite 84) lernen auch die Schülerinnen und Schüler, wie sie sich untereinander konstruktiv kritisieren können.
- Den **virtuell-dialogischen Charakter** des freien Sprechens (vor anderen) sollte man erlebbar machen, indem man z. B. bei jüngeren Schülerinnen und Schülern aktuelle Bezüge und Fragen der Zuhörer als Lehrperson anmoderiert und damit die Zuhörer auf den Redebeitrag einstimmt und neugierig macht. Ältere Schülerinnen und Schüler sollten das natürlich selbst in der Einleitung tun.
- Man sollte versuchen, möglichst viele **echte Kommunikationssituationen** zu schaffen. Dazu ist es sinnvoll, bei Redeübungen auf Themen zurückzugreifen, die die Schülerinnen und Schüler tatsächlich interessieren, und sie arbeitsteilig aufbereiten zu lassen. Denn nichts ist langweiliger und überflüssiger, als wenn ein Sprecher noch einmal erzählen soll, was andere schon vor ihm vorgetragen haben. Bei demselben Thema sollten die Beiträge parallel (evtl. auch als Hausaufgabe) auf Kassette aufgenommen werden. Wenn man sie dann gemeinsam anhört, kann man sie gut vergleichen – ohne beeinflusst zu werden durch Vorredner und Situation.
- Vom ersten Schuljahr an sollte man Schülerinnen und Schüler an **Ton- und Videoaufnahmen** gewöhnen. Sie gehören einfach in unsere Mediengesellschaft und stellen wichtige Lernmittel dar. Denn das, was man selbst auf dem Video sieht, ist immer glaubwürdiger als jedes Feedback einer anderen Person. Und viele müssen erst sehen, dass sie viel ruhiger oder auch unruhiger wirken, als sie sich selbst empfinden. Auch an den eigenen Stimmklang muss man sich allmählich gewöhnen. Denn den eigenen Höreindruck hat man nur selbst. Er ist also rhetorisch, d. h., auf die Wirkung hin betrachtet, völlig uninteressant. Am besten lässt man die Schülerinnen und Schüler von Anfang an selbst viel mit Medien umgehen, sie z. B. bei Interviews oder Vorträgen die Kameraführung übernehmen.
- Man sollte vor allen Dingen zum **Einsatz rhetorischer Fragen** anleiten: Auf eine Frage weiß man immer eine Antwort oder entwickelt sie sprechdenkend. Diese Strategie des Sich-selbst-Fragen-Stellens kann

man auch benutzen, wenn man aus dem Stegreif zu einer Sache Stellung nehmen soll. Man spricht zu einem Thema eine oder mehrere Fragen aus und versucht anschließend, sie sich selbst zu beantworten. Das, was man über die Sache bereits weiß, fällt einem auf diese Weise ein, und man kann allmählich auch neue Gedanken verfertigen, z. B. sich eine Meinung bilden. Als Lehrperson sollte man diese Frage-Strategie auch helfend einsetzen, wenn eine Schülerin oder ein Schüler einmal stecken bleibt.

- Die **Präsentation in Körpersprache und Sprechausdruck** sollte man bei allen Übungen beachten und sie oft in den Unterricht integrieren. Sinnvoll ist es z. B.,
  - die Schülerinnen und Schüler an das Stehen vor der Klasse zu gewöhnen. Sie können etwa ans Pult treten und von dort aus Gruppenarbeitsergebnisse, Hausaufgaben, gemalte Bilder etc. präsentieren. Durch eine solche Routine gewinnen sie allmählich an Sicherheit in dieser Position. Außerdem unterstützt ein solcher Ortswechsel eine kooperative Unterrichtsführung. Denn je nach Aufgabe verändert sich die Raumaufteilung: Es ist nicht immer nur die Lehrperson, die vorne am Pult „thront" und damit auch körpersprachlich-optisch ihre Situationsmächtigkeit demonstriert. Auch die Schülerinnen und Schüler kommen zum Zug.
  - auch im normalen Unterrichtsgespräch auf sprecherische Ausdrucksmittel zu achten. So kann man zwischendurch Feedback geben oder auch als Lehrperson Feedback zu einem Vortrag von den Schülerinnen und Schülern erfragen.

Bildungsstandards für Schüler

Der Bereich der mündlichen Kommunikation wird in den neuen Bildungsstandards der Kultusministerkonferenz (KMK) unter dem Teilbereich „Sprechen und Zuhören" im Fach Deutsch zusammengefasst. Im Entwurf für die Primarstufe vom 23.04.2004 finden sich dazu folgende allgemeine Ausführungen (S. 9f.):

> „Die mündliche Sprache ist ein zentrales Medium aller schulischen und außerschulischen Kommunikation. Sprechen ist immer auch soziales Handeln. Die Kinder können ihre Gedanken und Gefühle ausdrücken und ihre Äußerungen im Hinblick auf Zuhörer und Situation angemessen formulieren. Sie können aufmerksam und genau zuhören, die Äußerungen anderer aufnehmen und sich mit diesen konstruktiv auseinandersetzen. Die Kinder führen Gespräche, geben und verarbeiten Informationen, gestalten ihr Sprechen bewusst und leisten mündliche Beiträge zum Unterricht."

Als Standards werden im Einzelnen benannt (S. 12):

KMK-Bildungsstandards „Sprechen und Zuhören“	
„zu anderen sprechen	an der gesprochenen Standardsprache orientiert und artikuliert sprechen funktionsangemessen sprechen: erzählen, informieren, argumentieren, appellieren Sprechbeiträge und Gespräche planen
Gespräche führen	sich an Gesprächen beteiligen Gesprächsregeln beachten, z. B. andere zu Ende sprechen lassen, auf Gesprächsbeiträge anderer eingehen, beim Thema bleiben Konflikte und Anliegen gemeinsam mit anderen diskutieren und klären
verstehend zuhören	Inhalte zuhörend verstehen gezielt nachfragen Verstehen und Nicht-Verstehen zum Ausdruck bringen
szenisch spielen	Perspektiven einnehmen sich in eine Rollen hineinversetzen und sie gestalten Situationen in verschiedenen Spielformen szenisch entfalten
über Lernen sprechen	Beobachtungen wiedergeben Sachverhalte beschreiben Begründungen und Erklärungen geben Lernergebnisse präsentieren und dabei Fachbegriffe benutzen über Lernerfahrungen sprechen und andere in ihren Lernprozessen unterstützen“

Obwohl in diesem Entwurf für die Grundschule der Bereich „Reden“ („vor anderen sprechen“, wie es beim Mittleren Bildungsabschluss heißt) fehlt, spielen Vorträge und Kurzreden auch dort bereits eine wesentliche Rolle. So wird in einem Aufgabenbeispiel der Bereich „Sprechen und Zuhören“ ausdrücklich als von zentraler Bedeutung für den Kompetenzerwerb im Deutschen bezeichnet und neben der Gesprächsführung auch die Vortragssituation einbezogen. Die Aufgabe erfordert nämlich die Planung und Ausgestaltung eines argumentativen Gespräches über die Anschaffung eines Haustieres (Meerschweinchens) zwischen einer Mutter und ihrem Kind. Als Vorbereitung sollen die Schülerinnen und Schüler in unterschiedlichen Medien Informationen beschaffen und im Rahmen eines kleinen Vortrags präsentieren.

Hinsichtlich der Altersstufen unterscheiden die Vorschläge für „Bildungsstandards Mündliche Kommunikation“ der DGSS etwas genauer, allerdings differenzieren sie die einzelnen Teilbereiche nicht so kleinschrittig wie der KMK-Entwurf. So wird z. B. der Bereich des Hörverstehens in die Gesprächsführung integriert und nicht gesondert ausgewiesen (PABST-WEINSCHENK 2004a). Die DGSS-Standards sind vor dem KMK-Entwurf entstanden und haben die 2003 bereits vorliegenden neuen Grundschulrichtlinien von Nordrhein-Westfalen integriert. Diese beschreiben zum Teil sehr detailliert die Fähigkeiten und bieten damit eine gute Orientierung; sie sind in der folgenden Übersicht über die DGSS-Standards kursiv und eingerückt gesetzt:

„Bildungsstandards Mündliche Kommunikation" der DGSS für die Primarstufe

Bei der **Einschulung** sollte man folgende Standards in den Teilbereichen zugrunde legen:

Grundlagen des Sprechens/Sprechbildung (Atem/Stimme, Aussprache, Körper- und Sprechausdruck):
- phonologisch korrekt sprechen können

Reden (zu anderen):
- zu einem Bild eine kurze Geschichte erzählen können

Gesprächsführung (Reden mit anderen):
- sich reaktiv an Gesprächen beteiligen können, vor allem auf Fragen im angemessenen Umfang antworten können

reproduzierendes Textsprechen (Leselehre, gestaltendes Sprechen, Textvortrag bis zum darstellenden Spiel):
- kürzere Texte (Sprüche, Vierzeiler) auswendig vortragen

Nach den ersten beiden Schuljahren kann man davon ausgehen, dass die Schülerinnen und Schüler den folgenden Zwischenstand erreicht haben:

Grundlagen des Sprechens/Sprechbildung:
sich weitgehend sprachrichtig äußern können

Reden:
eine Begebenheit oder einen Sachverhalt aus seinem Lebensbereich so darstellen können, dass die Darstellung verstanden wird
- frei Erlebnisse und gehörte Geschichten (nach-)erzählen können

Gesprächsführung:
anderen zuhören können
einen mündlich gestellten Arbeitsauftrag verstehen und ausführen können
auf altersgemäße Entscheidungs- oder Ergänzungsfragen antworten können
um Hilfe bitten können
Fragen stellen können, um Sachverhalte und Beziehungen zu klären
- sich an Gesprächen im größeren Kreis beteiligen können und sich dabei an vereinbarte einfache Regeln (zuhören, ausreden lassen etc.) halten

reproduzierendes Textsprechen:
- einfache Texte erlesen und nach Übung flüssig und wortgetreu vorlesen können
- kleine Gedichte auswendig lernen und gestaltend sprechen können

---

Am **Ende der Grundschulzeit** sollte man nach der DGSS vom Erreichen der folgenden Standards ausgehen, die im Wesentlichen auch dem KMK-Entwurf entsprechen:

Grundlagen des Sprechens/Sprechbildung:

verständlich sprechen können

die Wirkung von Gestik, Mimik und Stimmführung beachten können

Dieses Ziel ist nach der Facherfahrung in der DGSS zu früh angesetzt. Sicherlich können Schülerinnen und Schüler in dieser Altersstufe Gestik, Mimik und Stimmführung im (Spiel-)Handlungskontext bereits einsetzen, aber die allgemeine Beachtung von Körpersprache, Stimmführung und Sprechausdruck im Sinne bewussten Einsatzes kann als Standard erst von Klasse 7 bis 10 schrittweise erwartet werden.
- Im Situationskontext sich körpersprachlich und sprecherisch angemessen verhalten

Reden:

verständlich zu anderen sprechen, sich sachbezogen äußern und erzählen können

Sachverhalte oder Begebenheiten so strukturieren können, dass sie für Zuhörer/innen verständlich werden

sprachliche Mittel einsetzen und auch durch nicht-sprachliche Mittel zeigen können, dass sie zuhören und verstehen
- eine eigene Meinung in einem kurzen Statement vertreten und begründen können

Gesprächsführung:

verschiedene Formen des Gesprächs und deren Eignung für bestimmte Zwecke kennen

grundlegende Begriffe kennen, um sich über Sprechen miteinander zu verständigen

mit anderen zu einem Thema sprechen, es weiterdenken, eine eigene Meinung dazu äußern und so Einfluss auf das situative Geschehen nehmen können

eigene Gefühle äußern können und die Befindlichkeit anderer Kinder verstehen können

anderen verstehend zuhören und deren Meinung akzeptieren können

sich an Gesprächsregeln halten und über kommunikative Prozesse nachdenken können

in Konflikten mit anderen nach Lösungen suchen können
- in Kleingruppen geordnet Sachgespräche zur Lösung altersangemessener Aufgaben führen
- die Leitung in kleinen Arbeitsgruppen übernehmen

reproduzierendes Textsprechen:

Gestik, Mimik und Stimmführung text- und rollenadäquat einsetzen können, vor allem im szenischen Spiel
- kürzere Texte gestalten können
- eine Rolle in einem Theaterstück darstellen können

Im Verzeichnis der „Grundlegenden sprachlichen Strukturen und Begriffe" im KMK-Entwurf (S. 16) fehlen die Grundbegriffe für den Bereich „Sprechen und Zuhören". Für den Sprechausdruck sind das Aussprache, Lautstärke, Betonung, Melodieführung, Tempo und Pausen, Stimmklang. Bei der Körpersprache fehlen die Elemente Blickkontakt, Mimik, Gestik, Haltung, Medien. Außerdem werden Begriffe wie Redegliederung, Zwischenüberschriften etc. nicht erwähnt.

Praktische Übungsbeispiele

Wie kann man Schülerinnen und Schüler dahin führen, dass sie die Bildungsstandards erreichen? Wie sehen altersangemessene Übungen im Bereich „Reden" aus?

Im Anschluss an allgemeine Hinweise und methodische Grundsätze finden Sie Aufgabenbeispiele, bei denen auf eine Zuordnung zu den einzelnen Klassenstufen bewusst verzichtet wird. Die Übungen sollten jeweils nach dem Leistungsstand der Schülerinnen und Schüler ausgewählt werden, nicht nach der Klassenstufe.

Zu einigen Aufgabenbeispielen folgen Bildmaterialien und Arbeitsblätter als Kopiervorlagen. Sie sind Anregungen, weitere Aufgaben können leicht analog erstellt werden.

Allgemeine Hinweise

Aus den theoretischen Überlegungen (Seite 28 ff.) ergibt sich: Flüssiges Sprechdenken wird gefördert durch:

- einen Zielimpuls;
- Mut zu Pausen, denn man braucht Zeit zum Überlegen;
- keine Furcht vor Versprechern, Verbindungs- oder Füllwörtern, die einfließen können;
- etwas Erregung, die als eigener Antrieb zur Gedankenklärung dient (Also: Etwas Anspannung ist gut, aber keine krampfhafte Verspannung mit falscher Hochatmung, die durch Adrenalinausstoß und schlechte Sauerstoffversorgung Denkblockaden erzeugt.);
- Widerspruch, Unterbrechung oder Fragen eines anderen, denn sie treiben das Sprechdenken zur Klarheit voran;
- gute Sprachbeherrschung, griffbereite Sprache;
- Gliederungshilfen zur Orientierung;
- das Zulassen und Benutzen der Gestik.

Konzentriertes Hörverstehen wird erleichtert durch:
- angenehmes Klima (keine Störungen durch die äußere Situation wie Sitzplatz, Temperatur, Nebengeräusche etc., durch Streit, Ärger, andere gedankliche Ablenkungen);
- Einsatz von Medien, die mehrere Sinneskanäle ansprechen;
- Erarbeitung von Leitfragen bzw. Bewusstmachen der Erwartungshaltung;
- Eigentätigkeit (z. B. durch stichwortartiges Mitschreiben, Rekonstruktion der Gliederung etc.);
- konzentrierte Sitzhaltung: Muskuläre Spannung und Aufmerksamkeit hängen zusammen. Beim völlig entspannten Liegen auf dem Rücken wie z. B. beim Autogenen Training ist man entspannt und zugleich konzentriert. Aber vermeintlich bequemes Abhängen auf Sitzmöbeln beeinträchtigt die Konzentration. Die Aufmerksamkeit ist im Sitzen am höchsten, wenn man aufrecht sitzt, also nur den vorderen Teil der Stuhlfläche nutzt, gerade im Becken bleibt, die Füße mit der ganzen Sohle flach auf den Boden setzt und die Oberschenkel locker lässt. Ober- und Unterschenkel bilden dabei einen rechten Winkel. Die Schultern sind gesenkt, der Rücken ist gerade und die Hände liegen locker auf den Oberschenkeln.

Methodische Grundsätze

Folgende Grundsätze lassen sich für den kontinuierlichen und altersangemessenen Aufbau von Redefähigkeiten ableiten:

- Vom Gesprächskreis zur Rede vor den anderen.
- Vom Reden mit Gegenständen/Medien zum Reden ohne Hilfsmittel.
- Bei den Reproduktionsgrundlagen und Gedankenstützen:
- Vom Bild zum Text oder verbal formulierten Stichwortzettel und
- von der stärkeren Unterstützung durch äußere Hilfsmittel nach dem Prinzip der Interiorisation (Galperin 1980) zum freien Reden aus der inneren Anschauung mit wenigen Medien bzw. Stichwörtern.
- Beim Redeaufbau allgemein: vom spontan-assoziativen Sprechdenken zum geplant-vorbereiteten Reden.
- Beim Aufbau von Informationen: vom Handlungsablauf oder chronologischen Aufbau zum Leadstil.
- Beim Aufbau ausdrucksbetonter Äußerungen: vom Erlebnis zur begründeten Meinungsäußerung.
- Beim Aufbau appellbetonter Reden: vom Wunsch zum Überzeugen.

Entspannung und Konzentration durch Stille und Phantasiereisen

Stille erleben, ruhige Naturgeräusche wahrnehmen (Vogelgezwitscher, Meeresrauschen, Bachplätschern oder das Rauschen von Blättern im Wind) entspannen wie Meditationen und Phantasiereisen und fördern die Konzentration, auch für anschließende Gesprächs- oder Redeübungen (ZELLERHOFF 2001). Naturgeräusche gibt es auf verschiedenen CDs, z. B. mit Olli Ohrwurm von der Schule des Hörens (Köln 2004).
Hier zwei Beispiele, die ich mit Logopädieschülerinnen in Essen entwickelt habe:

Am Strand
Schließt die Augen und stellt euch vor, ihr geht am Strand spazieren.
Es ist sehr warm.
Die Sonne brennt.
Ihr hört das Rauschen der Wellen und spürt den erfrischenden Wind im Gesicht.
(Ihr seid ganz alleine.)
Ihr spürt den weichen Sand unter den Füßen.
Es ist angenehm, im warmen Sand zu laufen.
Ab und an seht ihr vielleicht ein paar Steine oder Muscheln. Sie glitzern in der Sonne. Vom Wasser ständig umspült sind sie rund und glatt.
Ihr setzt euch ruhig in den Sand und spielt mit den Füßen im klaren Wasser. Die angenehme Kühle tut gut.
Ihr fühlt euch etwas müde und wollt euch hinlegen. Ihr legt euch in den Sand und schließt die Augen. Nun spürt ihr den warmen Sand am ganzen Körper.
Der Wind bläst gleichmäßig und leicht über den Körper, das Gesicht, die Arme und die Beine.
Ihr hört wieder das Rauschen der Wellen.
Ihr wollt mehr vom Sand spüren und kuschelt euch so weit in den warmen Sand, bis ein Körperabdruck entsteht. Die Haut wird ein wenig feucht. Doch es ist angenehm und kühlend, denn die Sonne ist warm.
Ihr liegt ganz entspannt im Sand und denkt an nichts.
Mit einem Mal spürt ihr einen Tropfen auf der Haut und noch einen und noch einen. Es werden immer mehr.
Ihr öffnet die Augen und blickt in den Himmel. Ihr streckt euch noch einmal und kehrt dann in die Klasse zurück.

Auf der Sommerwiese
Stell dir vor, du liegst auf einer warmen, weichen Sommerwiese und träumst …
Du liegst auf dem Rücken. Unter dir befindet sich warme Erde, die mit Gras und Blumen bewachsen ist. Deine Arme sind seitlich ausgestreckt, die Augen geschlossen. Du atmest ruhig und lauschst der himmlischen Ruhe nach …
Weiche Sonnenstrahlen wärmen dein Gesicht. Eine wohlige Wärme erfüllt die Luft und überall duftet es nach frischem Heu und reifem Korn. In der warmen Mittagsluft wehen fröhlich die weißen Samen der Pusteblume. Sie landen neben dir im weichen Gras, einer nach dem anderen.
Bienen summen leise in der Luft – sssssssssssssssssssssssssssss – und nur du allein verstehst ihre Sprache.

Neben dir brummt eine dicke Hummel fröhlich: „Guten Tag!" Und die Grashüpfer springen neugierig über deine Schuhe hinweg. In der Luft ertönen Flügelschläge bunter Schmetterlinge. Die Schwingungen, die die Falter bewirken, klingen wie Musik in deinen Ohren, Glockenblumen läuten dazu ...
Du spürst, wie das Leben, das sich in der Erde befindet, dich stark macht. Du stellst dir vor, wie die Ameisen den Boden durchwühlen, den Boden, der für viele Pflanzen, Tiere und auch für den Menschen Lebensgrundlage ist. Ein großer mächtiger Baum streckt seine Wurzeln unter dir im Boden aus ...
Wind kommt auf, und die gewaltige Krone des Baumes wiegt sich hin und her. Du hörst das Rauschen der Blätter, die sich mit dem Wind bewegen – ffffffffffff ffffffffffff ffffffffffff ffffffffffff ffffffffffff ffffffffffff ffffffffffff.
Du denkst an die große Waldwiese, auf der man so besonders schöne Blumen pflücken kann, und an den Wald, in dem es Himbeeren und Brombeeren gibt, die du so gerne isst ...
Du und schaust in einen klaren, hellblauen Himmel. Weiße Wolken ziehen langsam wie Watte durch die Luft. Endlose Weite erstreckt sich ...
Vollkommen ruhig und entspannt liegst du in deinem Bett aus Blumen und Gras. Nun räkelst und streckst du dich. Dann öffnest du langsam die Augen. Die wärmenden Strahlen der Sonne und den Geruch der Blumen nimmst du mit in den Unterricht.

Um zur Ruhe zu kommen, sind eine bequeme Lage und eine ruhige äußere Umgebung wichtig. Die Texte müssen langsam und mit längeren Pausen gesprochen werden, um sich die einzelnen Bilder vorstellen zu können.

Freies spontanes Erzählen im Montag-Morgenkreis

Im Montag-Morgenkreis werden Erlebnisse und Erfahrungen ausgetauscht. Dabei kann man das Weitergeben des Wortes üben. Anfänglich ist es oft hilfreich, wenn das Rederecht von einem Gegenstand symbolisiert wird, z. B. einem Redestein, einem Schaumgummi-Ball oder einem Redestab. Wer fertig ist mit dem Erzählen, gibt das Redezeichen an den nächsten weiter. Während ein Erzähler das Wort hat, dürfen sich die anderen melden, wenn sie Fragen haben oder etwas nicht verstehen. Der Erzähler nimmt sie dran (ggf. muss hier die Lehrperson anfänglich helfen) und beantwortet die Fragen. Neben allgemeinen Impulsen wie:

- Was habt ihr am Wochenende gemacht?
- Wer kennt einen tollen Spielplatz? Wie muss er aussehen?,

kann man auch gezielte Kennenlernübungen einfügen, z. B.:

- sein Lieblingsspielzeug mitbringen und vorstellen oder
- ein Stofftier mitbringen, das sich vorstellen soll: *Guten Tag, ich bin der ... von ... Ich wohne ... Am liebsten mache ich ...*

Solche Miniredebeiträge sind zum Einstieg gut geeignet. Das Zeigen von Gegenständen erleichtert das Reden.

Fabulieren im Erzählkreis

- Geschichten zu **Erzählbildern** erfinden: Erzählbilder (siehe Seite 85), auf denen viele einzelne Handlungen aus dem Erfahrungsbereich der Schülerinnen und Schüler zu sehen sind, eignen sich besonders gut, weil sie das Sprechdenken anregen und vielfältige Erzählmöglichkeiten bieten, so dass mehrere Schülerinnen und Schüler hintereinander etwas erzählen können.
- **Kettenerzählung:** Der erste Sprecher beginnt mit einem kurzen Satz, der zweite wiederholt diesen Satz und ergänzt einen zweiten Satz. Der dritte wiederholt die beiden Sätze und fügt einen eigenen dritten an usw.

  Mark: Ich fahre gerne Fahrrad. Lisa bitte.
  Lisa: Mark fährt gern Fahrrad und ich höre gern Musik. Jan bitte.
  Jan: Mark fährt gern Fahrrad, Lisa hört gern Musik und ich baue gern. Britta bitte.
  Britta: Mark fährt gern Fahrrad, Lisa hört gern Musik, Jan baut gern und ich spiele gern Fußball. Jens bitte.
  Jens: ...

  Kettenerzählungen trainieren das Zuhören und kongruente Entwickeln einer Geschichte. Sie können zu Erzählbildern oder auch frei initiiert werden.
- **Fabulieren zu Stichwörtern:** Man kann zu einer bestimmten Anzahl von blind gezogenen Bildkarten z. B. aus der Pepino-Kartei[1] fabulieren lassen (vgl. den **Stichwortzettel aus Bildkarten,** Seite 86). Man kann aber auch **Stichwörter würfeln** lassen. Dazu schreibt die Lehrperson oder die Schülerinnen und Schüler selbst Stichwörter auf einen Spielplan. Jeder würfelt sich durch den Plan und sammelt alle Stichwörter von den Feldern, auf denen er stehen geblieben ist.
- **Freies Fabulieren:** Oft sind Schülerinnen und Schüler so kreativ, dass sie keinen besonderen Impuls zum Fabulieren brauchen. Meistens helfen schon Erzählanfänge wie: *Ich sehe was, was du nicht siehst, und das hat gestern ... Oder: Mir kommt da gerade eine Idee. Was wäre wenn ... Oder: Kennt ihr alle den/die ... Neulich ist dem/der was Tolles passiert ...*

1 Metze, Wilfried: Pepino. Sprachfördermaterialien für den Kindergarten, Vorschule und Grundschule. Cornelsen, Berlin 2003.

- Ein kurzes **Finger-Theaterstück** ausdenken und vorspielen: Wer sind die beiden Figuren? Was ist passiert? Wie reden sie miteinander? Was sagen sie im Einzelnen? Damit alle die Finger-Figuren gut sehen können, sollten die Erzählerinnen und Erzähler bei den Finger-Theaterstücken (siehe Seite 103) herumgehen.

Nach einem Fragenkatalog ein Spiel vorstellen und erklären

Wie heißt das Spiel? Für wen ist das Spiel? Wie viele Mitspieler hat es? Wie alt sollten sie sein? Worum geht es in dem Spiel? Wie wird es gespielt? Wer hat gewonnen? Wie findest du das Spiel? Warum? – Solche Vorträge sollten schon vor der Klasse vom Pult aus gehalten werden, aber noch durch das Zeigen des Spielbrettes, der Spielfiguren etc. unterstützt.

Reproduzierendes Sprechdenken

Bildergeschichten, kurze Zeitungsberichte oder Kurzgeschichten geben die Struktur vor und sollen in eigenen Worten wiedergegeben werden. Dazu bieten Lesebücher zahlreiche Übungsbeispiele. Das Erlesen und Verstehen der Geschichte ist dabei die wesentliche Vorbereitungsarbeit. Bei längeren Geschichten ist es notwendig, die wichtigsten Erzählschritte festzuhalten, sei es in Form von Bildern oder in Stichwörtern.

Jüngeren Schülerinnen und Schülern kann man auch längere Geschichten wie z. B. Märchen vorlesen. Das übt das Hörverstehen. Als Grundlage für die Erzählschritte können beim Nacherzählen z. B. eigene oder vorgegebene **Märchen-Erzählbilder** oder **Märchen-Quartettkarten** (siehe Seite 87 ff.) dienen.

Auch Bilderrezepte sind geeignete Vorlagen zum reproduzierenden Sprechdenken (siehe Seite 92 f.).

Von der Chrono-Logik zum Schlagzeilenbericht

- Die einfachste Struktur für das informative Sprechen ist die Chronologie. Hier eignen sich **Tagesabläufe** oder der **Jahresablauf** sowie einfache **Handlungsabläufe** wie Aufstehen und sich für die Schule fertig machen, Frühstücken oder eine Blumenzwiebel pflanzen oder Kresse aussäen. Sie stehen deshalb bereits im ersten Schuljahr auf dem Programm. Solche Abläufe lassen sich gut bildlich darstellen, z. B. in **Leporellos** (siehe Seite 97), und können genauso wie **Bilderrezepte** als Redepläne benutzt werden.

- Ältere Schülerinnen und Schüler können Geschichten, die in einzelne Teile zerlegt worden sind, nach dem Handlungsablauf und der inneren Logik wieder richtig sortieren. Ein Beispiel ist die kurze Till-Eulenspiegel-Geschichte **„Eine Taufe mit Hindernissen"** (siehe Seite 98). Hat man sie richtig zusammengesetzt und sich die Hauptstichwörter markiert, z. B. farbig unterstrichen, kann man anhand der sortierten Schnipsel die Geschichte nacherzählen. Auch durcheinander geratene **Erzählschritte von bekannten Märchen** eignen sich dazu (siehe Seite 88 f.).
- Chronologische Berichte können mit aufeinander folgenden Satzanfängen bzw. Gelenkwörtern angeleitet werden, z. B.: *Es begann so: ... – Zuerst ... – Dann ... – Und danach ... – Schließlich ...* Wenn man solche Muster auf ein Plakat schreibt und sie hinten in der Klasse an die Wand hängt, haben die Sprecherinnen und Sprecher vorne am Pult sie immer vor Augen und brauchen vielleicht gar keinen weiteren Stichwortzettel mehr, wenn sie über bekannte Abläufe berichten sollen.
- Anders ist das beim so genannten Schlagzeilenbericht oder der **Nachricht,** wie man sie in den Medien findet. Darin wird nicht chronologisch vorgegangen, das würde oft viel zu lange dauern. Vielmehr wird das Wichtigste an den Anfang gestellt. Bei der aktuellen Berichterstattung besteht die Hauptinformation zumeist aus den Antworten auf die Fragen: Wer – was – wann – wo? Dann schließen sich Einzelheiten an, wie etwas geschehen ist. Erst dann kommen die Hintergründe, warum es wohl dazu gekommen ist. Und zum Schluss folgt der Ausblick, wozu es führt oder führen könnte. Diese Struktur wird auch an Beispielen von Situationen erarbeitet, in denen man schnell einen guten Überblick geben muss, z. B. wenn man telefonisch Hilfe ruft bei einem Brand oder Unfall. Auch Zeugen oder Sachverständige, die für die Versicherung oder Polizei einen Tathergang darstellen, sollten diese Struktur verwenden.
- Die Nachrichtenstruktur kann auch geübt werden bei der **Vorstellung eines Lieblings(bilder)buches**, indem man folgende Leitfragen vorgibt: (a) Inhalt zusammenfassen: Von wem handelt das Buch? Was macht er? Wann und wo spielt die Geschichte? Wie verläuft die Geschichte? (b) Bewerten: Warum ist das mein Lieblingsbuch? Was hat man davon, wenn man's auch liest?

Zu einem Thema Medien vorbereiten und damit vortragen

- Plakate präsentieren
- Einzelbilder, z. B. eigene Bilder präsentieren: durch die Klassenausstellung gehen, jeder erläutert, was er wie und warum so gemalt hat

- Bildergeschichten
- fertige von anderen, z. B. einen Comic vorstellen mit selbst ausgewählten Bildern
- eigene Bildergeschichten anfertigen und präsentieren, z. B. zu gelesenen Texten und/oder Büchern
- Textplakat
- einfache Mind Maps
- Folien präsentieren (Einzelbilder, Bildergeschichten, Textfolien)
- Stichpunkte auf Karteikarten

Aus der inneren Anschauung reden

Wer aus der inneren Anschauung redet, spricht völlig frei. Das geht am leichtesten, wenn man beim Sprechen einen Raum, Weg, eine Situation und/oder Tätigkeiten wie z. B. Bastelanleitungen oder andere Hobbys vor dem inneren geistigen Auge sieht. Dann kann man sie auch ohne Stichwortzettel anderen beschreiben und erklären. Dabei stellt sich die Gestik in der Regel von selbst ein.

Eine Meinung begründen

Mit Logicals, kniffligen Rätselaufgaben oder **Ratekrimis** kann man das Sprechdenken und Hörverstehen in der Gruppe üben (PABST-WEINSCHENK 1998, 119 ff.). Schon in der Grundschule geht es darum, Meinungen und Wünsche begründet zu vertreten. Dazu ist es wichtig, dass die Schülerinnen und Schüler auch das logische Schlussfolgern lernen. Denn das fördert ihre geistige Entwicklung vom konkreten zum abstrakten Denken. Neben realen Kommunikationsanlässen bieten sich dazu in der Grundschule vor allem Rätsel und Spiele an, die einen kognitiven Reiz darstellen und kommunikatives Handeln notwendig machen. Spannende Geschichten mit Geheimnissen, Rätseln oder Kriminalfällen sind nicht nur bei Jungen in diesem Alter beliebt. Enid Blytons Buchserien, Hitchcocks *Die drei ???* und *TKKG,* eine Serie von Stefan Wolf mit inzwischen über 100 Titeln, erfreuen sich allgemeiner Beliebtheit. Viele sind nicht nur als Buch, sondern auch als Hörkassette erhältlich, und die Fernsehfilme bis hin zu einer Fernseh-Spielshow *TKKG-Club* werden von Acht- bis Zwölfjährigen gern angeschaut. Das Knobeln und die Jagd nach den Tätern sprechen an und motivieren zum Argumentieren. Denn bei allen Fällen muss man wie ein Detektiv kombinieren und übt logisches Schlussfolgern (PABST-WEINSCHENK 2000a). Allerdings ist das beim Lesen oder Hören mehr eine reproduktive Leistung, denn die

Hauptpersonen in der Geschichte kombinieren und argumentieren, und die Leser oder Hörer machen „nur" mit. Anders ist das bei Ratekrimis, in denen man selbst kombinieren und die Lösung finden muss. Die Fälle von *Kommissar Kugelblitz* sind z. B. für Argumentationsübungen gut geeignet.[2]

Das Verstehen kniffliger Fragestellungen gelingt leichter, wenn man dabei (halb)laut reden kann. Diese Erfahrung des Sprechdenkens ist bekannt. Konfrontiert man eine Gruppe unvorbereitet mit der Aufgabe, zusammen ein kniffliges Problem zu lösen, beginnen die Teilnehmer gemeinsam laut zu denken. Sie kommen, weil sie sich gegenseitig bei jedem Schritt von der Richtigkeit ihrer Lösungsideen und Vorschläge überzeugen wollen, spontan zum argumentierenden Sprechdenken. Damit keine Denkblockaden entstehen, sollte der Leistungsdruck nicht zu hoch sein. Keiner sollte Angst haben, etwas Verkehrtes zu sagen und deshalb schlecht bewertet oder ausgelacht zu werden. Diese offene Atmosphäre wird durch einen spielerischen Zugriff am ehesten gewährleistet. Die Lösung wird in der Gruppe umso leichter gefunden, je besser die Teilnehmer kooperieren. Nimmt man solche Besprechungen auf Video auf, kann man in der Regel ein Sprechdenken beobachten, bei dem die Sprecherinnen und Sprecher sich so viel Zeit zum Sprechen nehmen, wie sie wirklich brauchen. Ähs treten fast gar nicht auf.

Hat man ein Rätsel gelöst, geht es darum, andere von der Lösung zu überzeugen. Während sich im spontanen Gespräch bei Schülerinnen und Schülern dieser Altersstufe die Gedanken noch sehr überstürzen können und nicht immer in verständlicher Reihenfolge formuliert werden, hilft die Berichtsituation, das bereits Erkannte in nachvollziehbaren Schritten darzulegen. Denn die zeitliche, räumliche und emotionale Distanz erleichtert das bewusste Argumentieren: *Was sage ich in welcher Reihenfolge, damit die anderen es gut verstehen?*

Lässt man in Gruppen mehrere Logicals oder Rätsel lösen, können einzelne Gruppensprecher hinterher in der Klasse berichten, welche Aufgabe sie hatten, wie sie die Lösung gefunden haben und warum sie die richtige sein muss und andere nicht in Frage kommen. Mit solchen argumentativen Beiträgen werden Meinungsreden spielerisch entwickelt und gefördert.

2 Vgl. Scheffler, Ursel: Kommissar Kugelblitz. München 1994; über 10 verschiedene Bände, jeweils mit mehreren Geschichten. Siehe ferner: Ecke, Wolfgang: Club der Detektive. 65 Krimis zum Selberlösen. Ravensburg 1997; oder Press, Hans Jürgen: Die Abenteuer der <schwarzen hand>. Ravensburg 1986.

Wunschzettel

Jeder hat Wünsche, und solche Wünsche kann man auf einem Wunschzettel festhalten und in einem kurzen Vortrag vorstellen. Ob es sich dabei um die Wünsche zum Geburtstag oder zu Weihnachten oder um Vorstellungen über den Urlaub etc. handelt, ist gleichgültig. Entscheidend ist, dass man begründet, warum einem dieser Wunsch wichtig ist, was man sich davon verspricht oder wofür man etwas haben möchte. Denn das trainiert das Argumentieren. Wünsche sind allerdings nicht abstreitbar, da sie keine Allgemeingültigkeit beanspruchen. Auch wenn andere mir meine Wünsche nicht erfüllen (wollen oder können), können sie nicht behaupten, ich hätte mir das nicht gewünscht. Daher provozieren Wunschreden immer weniger Widerspruch, man nimmt sie eher ohne Gegenrede zur Kenntnis.

Pro-contra-Reden

Hat man zu einem Thema Informationen gesammelt und Meinungen abgewogen, kann man seine Meinung begründet vertreten und versuchen, andere zu überzeugen. Das ist Ziel am Ende der Grundschulzeit. Ein Aufgabenbeispiel dafür ist die **Fernsehdiskussion** (siehe Seite 107).

Gibt man Satzanfänge oder **Gelenkwörter** vor, kann man bereits in der Grundschule spielerisch das Argumentieren in Fünfsatzstrukturen anbahnen. Denn die äußere, sprachliche Form beeinflusst den inneren Gedankenaufbau und umgekehrt. **Fünfsatz**-Strukturen sind praktische Denkgriffe, die sich bis heute bei Redeübungen bewährt haben (Drach 1932, 116 ff.; Geißner 1968, 1982, 124–133 und 157 ff.; Berthold 1980; 1993, 42–47; Bremerich-Vos 1991, 93 ff.; Pabst-Weinschenk 1995, 158 f.; 1998a, 233; u.v.a.m.). Am bekanntesten ist das dialektische Modell. Zum Beispiel:

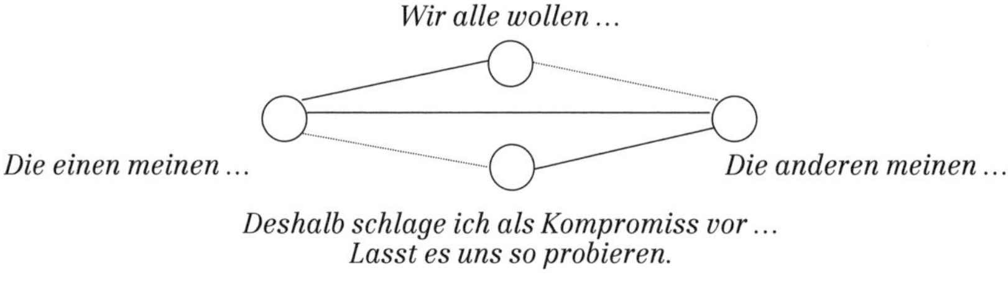
Wir alle wollen ...
Die einen meinen ...
Die anderen meinen ...
Deshalb schlage ich als Kompromiss vor ...
Lasst es uns so probieren.

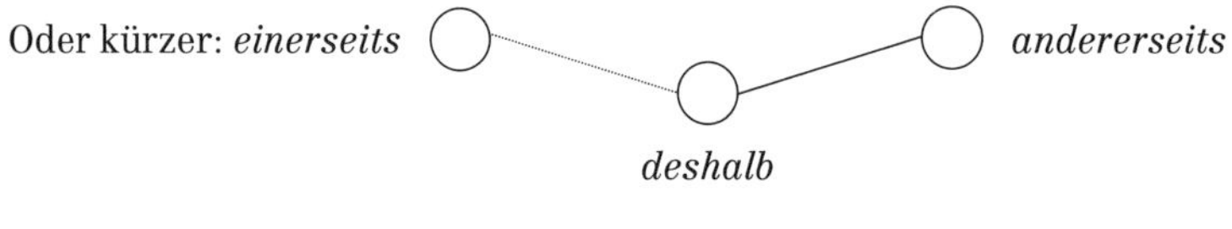
Oder kürzer: *einerseits*
andererseits
deshalb

Etwas verkaufen

Zu bestimmten Gelegenheiten kann man einen Klassenbazar veranstalten, bei dem alle Schülerinnen und Schüler etwas kaufen oder verkaufen können. Beim Verkaufen ist es wichtig, sein Produkt möglichst gut anzupreisen, sich in die Kunden hineinzuversetzen und ihnen plausibel zu machen, warum es am besten zu ihren Interessen und Bedürfnissen passt. Bei einem solchen Secondhand-Handel bestimmen Angebot und Nachfrage den Preis und man hat in der Regel größere Spielräume für Preisverhandlungen.

Zur Eröffnung kann man in der Klasse zunächst eine Runde machen, in der die Händler sich und ihre Waren vorstellen. Erst danach dürfen alle herumgehen, sich die Angebote der anderen ansehen und ggf. etwas kaufen. Interessanter wird der Bazar noch, wenn man Eltern und/oder andere Klassen dazu einlädt.

Besprechung eines Vortrags

Nenne immer etwas, das du gut gefunden hast, und etwas, das der andere besser machen könnte.

Wie hat dir der Vortrag gefallen?
Wie hat der/die Sprecher/in auf dich gewirkt?

interessant?	langweilig?	verständlich?	sicher?	ruhig?
engagiert?	hektisch?	nervös?	freundlich?	ernst?
überheblich?	natürlich?	überzeugend?	lustig?	traurig?

- Hast du verstanden, was der/die Sprecher/in sagen wollte?
- Wie hat er/sie gestanden?
- Hat er/sie auch mit den Händen geredet?
- Hat er/sie die Zuhörer angeschaut?
- Hat er/sie freundlich geguckt?
- Hat er/sie deutlich gesprochen?
- War es laut genug? Langsam oder zu schnell? Wie waren die Pausen?
- Hat er/sie oft die Stimme abgesenkt und einen richtigen Punkt gesprochen? Oder waren die Sätze zu lang aneinander gereiht? Sind dir Ähs oder andere Füll-Laute oder -wörter aufgefallen?

Erzählbild Schwimmbad

Was machen die Kinder im Schwimmbad? Erklärt die einzelnen Tätigkeiten. Was macht ihr am liebsten im Schwimmbad? Erzählt, wie ihr einmal im Schwimmbad gewesen seid.

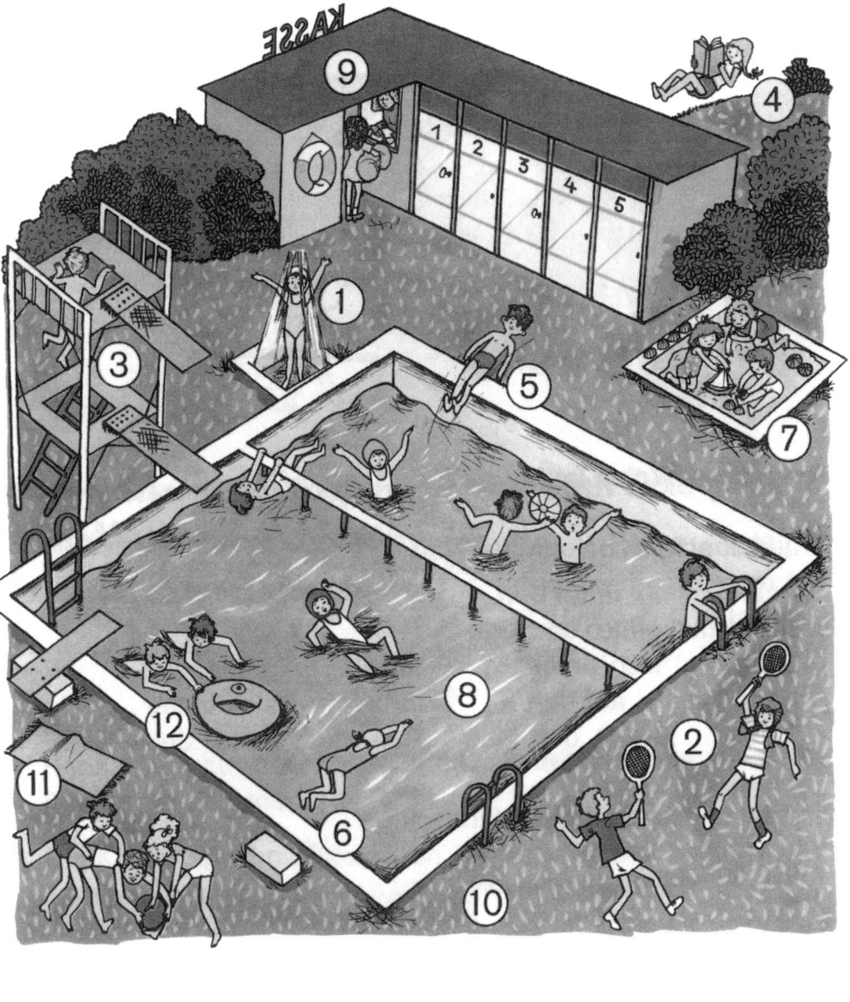

Habt ihr zu Hause auch große Bilderbücher mit Erzählbildern? Dann bringt sie doch einmal mit zur Schule.

Stichwortzettel aus Bildkarten

Erzähl eine Geschichte nach diesen Bildkarten.

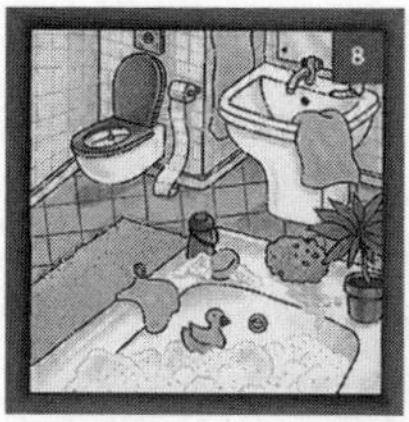

Wenn ihr auch solche Bildkarten in der Klasse habt, könnt ihr selbst neue Geschichten erfinden und dazu die passenden Karten legen. Ihr könnt aber auch eigene Bilder zu euren Geschichten malen.

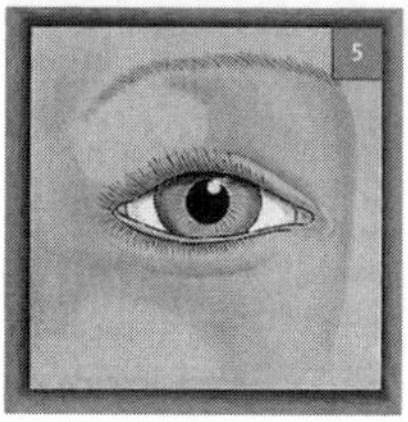

Berühmte Märchen und Sprüche

Hört euch verschiedene Märchen an.

Wie heißen diese Märchen?

Ordne die Sprüche zu:

1. „Knusper, knusper, knäuschen, wer knuspert an meinem Häuschen?"
2. „Macht auf, ihr Kinderlein, eure Mutter ist da und hat jedem etwas mitgebracht."
3. „Spieglein, Spieglein an der Wand, wer ist die Schönste im ganzen Land?"
4. „Heute back ich, morgen brau ich, übermorgen hol ich der Königin ihr Kind. Ach, wie gut, dass niemand weiß, dass ich …"
5. „Großmutter, was hast du für große Augen?"
6. „Königstochter, jüngste, mach mir auf!"

Kennst du auch die Märchen, in denen die folgenden Sprüche vorkommen?

- „Die Königstochter soll sich in ihrem fünfzehnten Lebensjahr an einer Spindel stechen und tot umfallen." – „Es soll aber kein Tod sein, sondern nur ein hundertjähriger tiefer Schlaf, in welchen die Königstochter fällt."
- „Die guten ins Töpfchen, die schlechten ins Kröpfchen." – „Bäumchen, rüttel dich und schüttel dich, wirf Gold und Silber über mich."
- „Sieben auf einen Streich!"
- „Kikeriki, unsere goldene Jungfrau ist wieder hie."

Kennst du noch andere Sprüche aus Märchen?

Welches Märchen ist dein Lieblingsmärchen? Warum?

Partnerarbeit: Was stimmt hier nicht?

Welche zwei Märchen
wurden hier vermischt?

Ordnet die Titel den Bildern zu und sortiert die beiden Märchen auseinander. Wenn ihr die Bilder ausschneidet und mit den richtigen Titeln auf Kärtchen klebt, habt ihr eine Gedächtnisstütze zum Erzählen. Wenn ihr die beiden Märchen nicht so gut kennt, lest sie vorher noch einmal nach.

Titel: Abschied von der Mutter // Hänsel im Hexenstall // Alles ist wieder gut // Begegnung mit dem bösen Wolf // Das Knusperhäuschen //
Der Wolf in Großmutters Bett // Frohes Wiedersehen mit dem Vater //
Hänsel und Gretel im finstern Wald

Partnerarbeit: Was stimmt hier nicht?

Welche zwei Märchen wurden hier vermischt?

Ordnet die Titel den Bildern zu und sortiert die beiden Märchen auseinander. Wenn ihr die Bilder ausschneidet und mit den richtigen Titeln auf Kärtchen klebt, habt ihr eine Gedächtnisstütze zum Erzählen. Wenn ihr die beiden Märchen nicht so gut kennt, lest sie vorher noch einmal nach.

Titel: „KIKERIKIE, die Pechmarie ist hie!" // Der vergiftete Apfel // Die gute Marie am Apfelbaum // Die Königin befragt den Spiegel // Marie bei Frau Holle // Schneewittchen bei den sieben Zwergen // Schneewittchen und der Königssohn // Unter dem Goldtor

Verhexte Märchen

Wenn Märchen durcheinander geraten, können phantastische neue Geschichten entstehen.

Hier sind zwei Anfänge von solchen verhexten Märchen. Erzählt die Geschichten weiter oder erfindet selbst ein neues verhextes Märchen, indem ihr zwei oder mehrere Geschichten miteinander mischt. Malt zu eurer Geschichte auch ein Bild als Gedankenstütze. Wenn ihr es auf Folie oder groß auf ein Plakat malt, könnt ihr es beim Erzählen den anderen besser zeigen.

Es waren einmal sieben Geißlein, die waren allein zu Hause. Ihre Mutter war einkaufen gegangen und hatte sie ermahnt, niemandem die Tür zu öffnen. Plötzlich klopfte es und Schneewittchen stand vor der Tür …

Es war einmal ein Mädchen, das hieß Rotkäppchen, weil es von seiner Großmutter ein rotes Käppchen bekommen hatte. Eines Tages, als dieses freche, ungehorsame Mädchen auf dem Weg zu seiner Großmutter war, begegnete ihm ein lieber, alter Wolf, der niemandem etwas zu Leide tun konnte …

Vom dicken, fetten Pfannekuchen

Es waren einmal drei alte Weiber, die gern einen Pfannkuchen essen wollten. Da gab die Erste das Ei dazu, die Zweite Milch und die Dritte Fett und Mehl. Als der dicke, fette Pfannkuchen fertig war, richtete er sich in der Pfanne in die Höhe und lief den drei alten Weibern weg und lief kantapper, kantapper in den Wald hinein.
Da begegnete ihm ein Häschen, und es rief:
„Dicker, fetter Pfannkuchen, bleib stehen! Ich will dich fressen."
Der Pfannkuchen antwortete:
„Ich bin drei alten Weibern entlaufen und soll dir, ... Häschen Wippschwanz ... , nicht entlaufen?" – Und lief kantapper, kantapper in den Wald hinein.

Häschen Wippschwanz	Wolf Dickwanst	Ziege Langbart	Pferd Schnellfuß	Schwein Kringel-schwanz

Was nun? Einer nach dem anderen:
- *Da kam ein Wolf herangesprungen und rief: „Dicker, fetter ..."*
- *Da kam eine Ziege herangehüpft und meckerte: „Dicker ..."*
- *Da kam ein Pferd herangetrabt und wieherte: „Dicker ..."*
- *Da kam ein Schwein dahergerannt und grunzte: „Dicker ..."*

Schließlich kamen drei Kinder daher, die hatten keinen Vater und keine Mutter mehr, und sprachen: „Lieber Pfannkuchen, bleib stehen! Wir haben noch nichts gegessen den ganzen Tag."
Da sprang der dicke, fette Pfannkuchen in den Korb und ließ sich von ihnen essen.

Erzähl dieses Märchen nach. Das Bild ist dafür eine gute Gedächtnisstütze.

Gemalte Rezepte – die Vortragsrunde der kleinen Köche

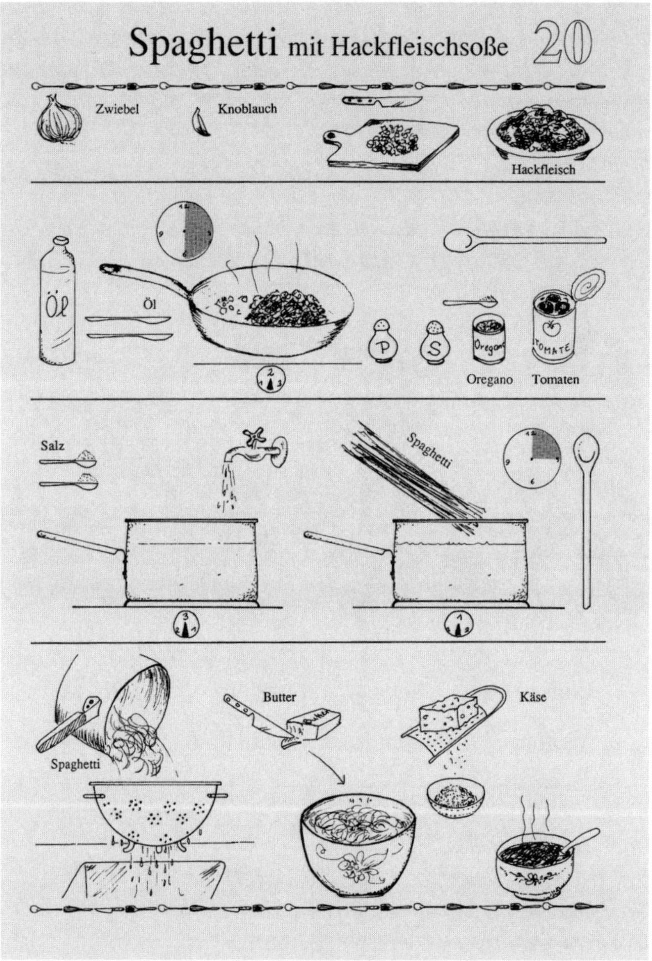

Lies diese Rezepte.

Mal selbst ein solches Rezept zu einer deiner Lieblingsspeisen. Das geht leichter, wenn du sie selbst schon einmal gekocht hast.

Wenn ihr eure Rezepte sammelt, könnt ihr ein eigenes kleines Kochbuch zusammenstellen, das ihr vielleicht auch verschenken könnt.

Gemalte Rezepte – die Vortragsrunde der kleinen Köche

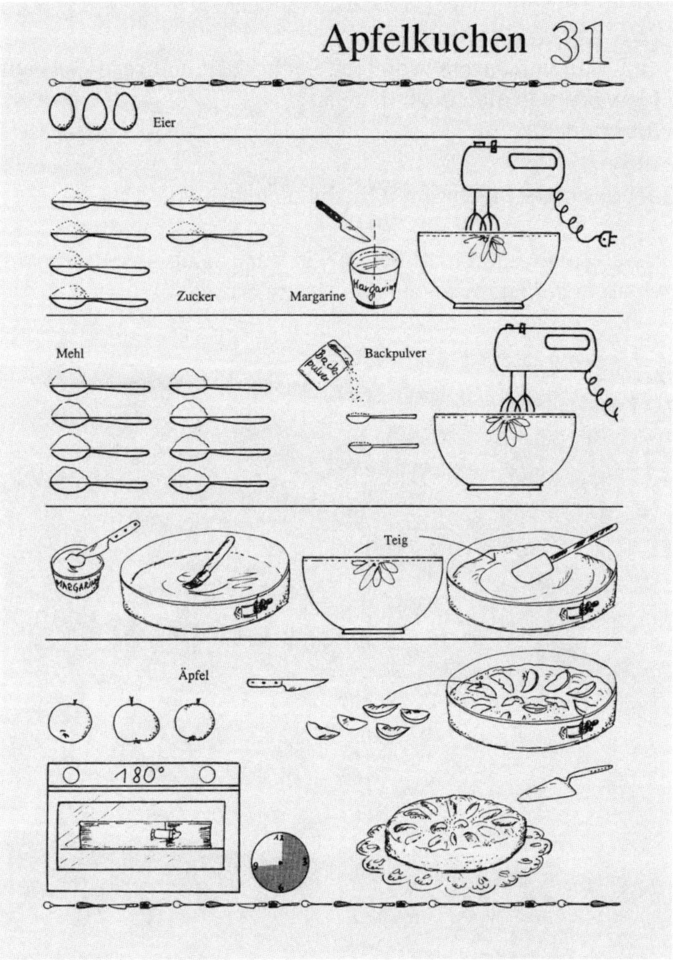

Lass die Überschrift weg und halte über dein Rezept einen kleinen Vortrag: „Man nimmt drei Eier und sechs Löffel Zucker und einen halben Becher Margarine. Das rührt man zusammen mit einem Handmixer …"

Nach deinem Vortrag sollten die anderen wissen, für welche Speise du das Rezept erklärt hast.

Wege beschreiben

Beschreibt Wege, die ihr gut kennt, aus der Erinnerung.

Nehmt einen Stadtplan von eurem Wohnort. Sucht euch mehrere Ziele aus und beschreibt jeweils, wie man dorthin gelangt:
a) von eurer Wohnung aus,
b) von der Schule aus,
c) vom Bahnhof oder einer bestimmten Bushaltestelle aus.

Vergrößert den Stadtplan und hängt bei eurem Vortrag einen Auszug auf. Zeigt darauf, wie man gehen muss, um das Ziel zu erreichen.

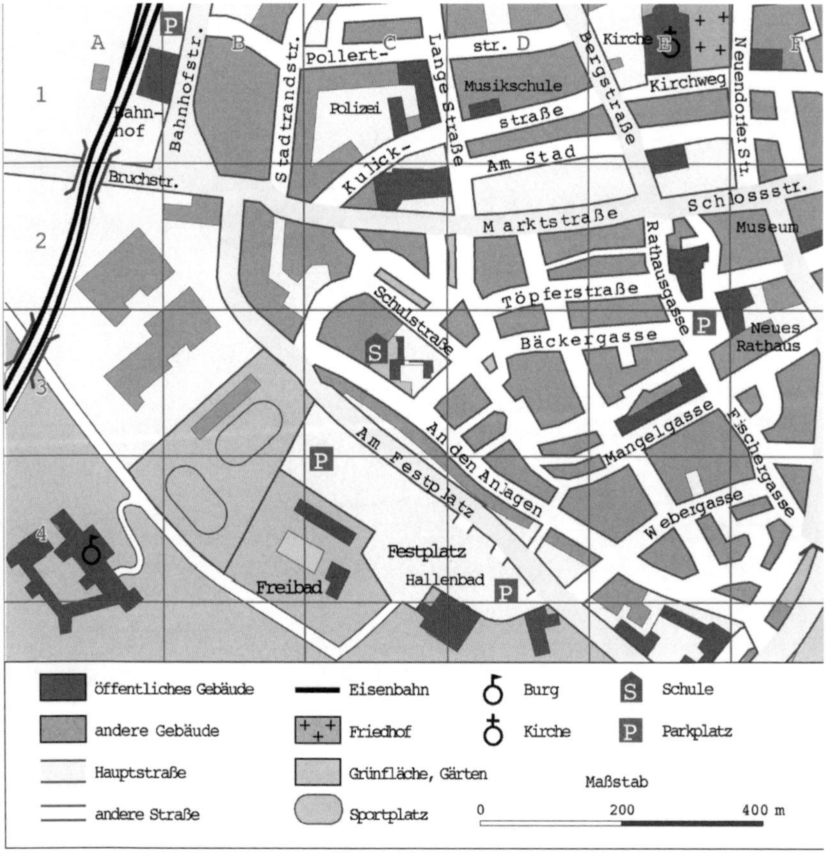

Im Laufe der Zeit

Halte einen kleinen Vortrag über
a) einen Tagesablauf,
b) einen Wochenplan oder
c) den Jahresablauf.
Du kannst dir deinen Stichwortzettel auf ein Plakat malen und es beim Vortrag zeigen.

November
Januar
August
März
Juni
Mai
Juli
April
Oktober
Februar
September
Dezember

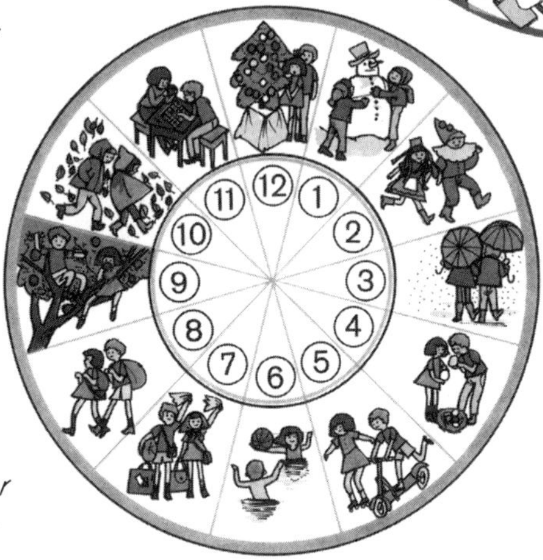

Montag

Dienstag

Mittwoch

Donnerstag

Freitag

Sonnabend

Sonntag

In dieser Minute

In dieser Minute, die jetzt ist
und die du gleich nachher vergisst,
geht ein Kamel auf allen Vieren
im gelben Wüstensand spazieren,
und auf dem Nordpol fällt jetzt Schnee,
und tief im Titicacasee
schwimmt eine lustige Forelle.
Und eine hurtige Gazelle
springt in Ägypten durch den Sand.
Und weiter weg im Abendland
schluckt jetzt ein Knabe Lebertran.
Und auf dem großen Ozean
fährt wohl ein Dampfer durch den Sturm.
In China kriecht ein Regenwurm
zu dieser Zeit zwei Zentimeter.
In Prag hat jemand Ziegenpeter,
und in Amerika ist wer,
der trinkt grad seine Tasse leer,
und hoch im Norden irgendwo,
da hustet jetzt ein Eskimo,
und in Australien – huhu –
springt aus dem Busch ein Känguru.
In Frankreich aber wächst ein Baum
ein kleines Stück, man sieht es kaum,
und in der großen Mongolei
schleckt eine Katze Hirsebrei.
Und hier bei uns, da bist nur du
und zappelst selber immerzu,
und wenn du das nicht tätest, wär
die Welt jetzt stiller als bisher.
(Eva Rechlin)

- Trage das Gedicht vor und zeige dabei auf einer Weltkarte die verschiedenen Länder.
- Sammelt in Gruppen, was gestern überall auf der Welt passiert ist. Wenn ihr Nachrichten im Radio hört oder im Fernsehen seht oder in der Zeitung lest, findet ihr genügend Material.
- Mischt die Nachrichten mit euren eigenen Erlebnissen von gestern. Malt gemeinsam ein Plakat dazu und tragt die Ereignisse zu zweit oder dritt mit dem Plakat vor.

Ein Leporello als Stichwortkonzept basteln

Bring die Schritte in die richtige Reihenfolge und bastel ein Leporello dazu, mit dem du den anderen erklären kannst, wie es geht:

Eine Blumenzwiebel stecken: • den Blumentopf mit Erde füllen • den Blumentopf nach draußen stellen • die Erde andrücken • die Erde mit Wasser gießen • die Zwiebel in die Erde stecken • die Zwiebel mit Erde bedecken • eine Blumenzwiebel besorgen • einen Blumentopf und Erde holen	**Ein kleiner Unfall in der Schule:** • Anna soll in der Pause einige Namen an die Tafel schreiben. • Da rennt David gegen die Kante. • Der Lehrer nimmt ein kaltes feuchtes Tuch und drückt es David auf die Stirn. • Die anderen Kinder holen den Lehrer. • Er schreit laut und hält sich die Stirn. • Sie klappt die Tafel auf.
So putze ich meine Zähne: • auf den Kauflächen hin und her putzen • außen in kreisenden Bewegungen putzen • innen von Rot nach Weiß putzen • lauwarmes Wasser in den Becher füllen • mit Wasser gründlich ausspülen • Zahnpasta auf die feuchte Bürste drücken • zum Schluss einmal gurgeln	**Geschenk einpacken:** • das Geschenk auf das Papier legen • das Papier um das Geschenk schlagen und die Kanten und Ecken festkleben • ein Band um das Päckchen wickeln • einen Knoten machen und eine Schleife binden • ganz zum Schluss einen Geschenkanhänger befestigen • Geschenkpapier passend zuschneiden
Kresse aussäen: • auf das feuchte Tuch den Samen gleichmäßig verteilen • die Schale mit dem Samen an einen warmen und hellen Ort stellen • eine flache Schale mit einem Tempotaschentuch auslegen • eine Tüte Kressesamen besorgen • jeden Morgen die Aussaat gießen • mit einer halben Tasse Wasser das Papiertuch befeuchten	**Ein Winterbild malen:** • das Bild aufhängen • das Bild trocknen lassen (auf den Bildteilen mit weißer Wachsmalkreide haftet die Wasserfarbe nicht!) • ein weißes Blatt Papier nehmen • mit dem Wachsmalstift eine Winterlandschaft mit Schnee und Eiskristallen malen • wenn die Winterlandschaft fertig ist, das Bild ganz mit blauer Wasserfarbe übermalen • zuerst zum Malen nur eine weiße Wachsmalkreide benutzen

Eine Taufe mit Hindernissen

1. Klaus Eulenspiegel, einem biederen Einwohner zu Kneitlingen im Braunschweigischen, war ein Söhnchen geboren worden.

   Das ist der Anfang der Geschichte. Bring die folgenden Sätze in die richtige Reihenfolge:

- Mit großem Hallo und Gelächter zog man die beiden aus dem Morast heraus und begab sich eilends nach Kneitlingen.
- So kam es, dass das Knäblein den Namen Till erhielt.
- Es fehlte nicht viel, so wäre der kleine Till gleich auf seinem ersten Lebenswege jämmerlich im Schlamm erstickt.
- Da er nun große Stücke auf den Burgherrn Till von Ützen zu Ambleben hielt, bat er diesen, den kleinen Erdenbürger aus der Taufe zu heben.
- Seine Mutter, eine geborene Anna Wiebecke, behauptete nun, ihr Till sei dreimal getauft worden: zuerst in der Kirche zu Ambleben, zum anderen Mal im Moraste und schließlich daheim im Waschzuber.
- Als sie nun einen schlüpfrigen Steg überqueren mussten, unter dem ein schmutziges Gewässer träge dahinfloss, geschah es, dass die Kindsfrau schwankte – sie hatte gar fleißig auf des Kindleins Wohl getrunken – und mit dem Täufling ins Wasser fiel.
- Dort wurde Till, der schwarz wie ein Mohr aussah, mit warmem Wasser fein säuberlich gewaschen.
- Nachdem alle Taufgäste in der Herberge wacker jenem Biere zugesprochen hatten, das man dortzulande Mumme nennt, zog die ausgelassene Gesellschaft mit Holodrie und Juchhei von Ambleben heimwärts nach Kneitlingen.

Eine Taufe mit Hindernissen

Stell dir vor, du wärst Gast bei der Taufe gewesen. Was würdest du erzählen, wenn du nach Hause kommst?

„Weißt du, was heute passiert ist? Ich war doch in Ambleben bei der Taufe von dem kleinen Eulenspiegel eingeladen. Ja, wir haben schön gefeiert in der Herberge. Aber auf dem Rückweg ..."

Wenn es zu der Zeit schon Rundfunk, Fernsehen und Tageszeitungen gegeben hätte, was hätte darin als Nachricht gedruckt oder gesendet werden können?

Schlagzeile	Kind nach der Tauffeier beinahe im Schlamm erstickt
Wer, was, wann, wo?	...
Wie?	...
Warum?	...
Wozu?	...

Nehmt diese und andere Nachrichten mit Video auf.

Besprecht anschließend, was euch gut gelungen ist und was man vielleicht noch wie verbessern könnte.

Informationen sammeln und vortragen

Ich beobachte das Wetter von ________ bis ________

Montag										
Dienstag										
Mittwoch										
Donnerstag										
Freitag										

Mal deine Beobachtungen auf ein Plakat oder lass sie auf Folie kopieren und erkläre, was du in welcher Zeit beobachtet hast.

- Was soll man bei dem Wetter am besten anziehen?
- Mal einen Vorschlag und stell ihn den anderen vor.

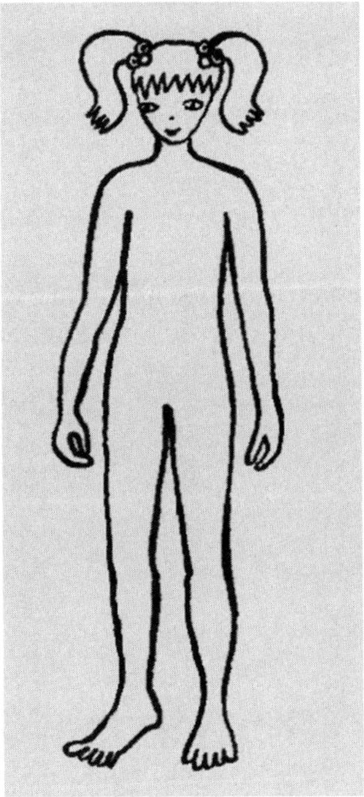

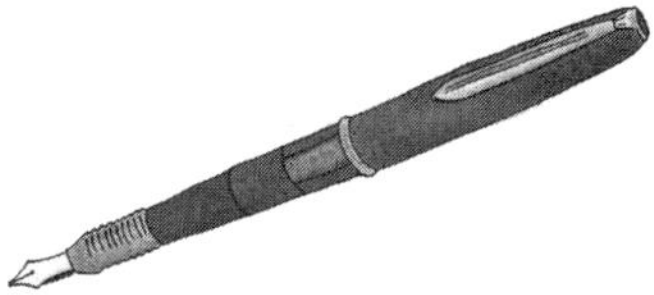

Füller-Führerschein

Mein Füller

1. Ordne die Namen der Teile der Zeichnung zu:
   Feder, Griffrillen, Patronenfach, Kappe, Sichtfenster.

   Füllerregeln

   a) Achte immer gut auf deinen Füller. Lass ihn nicht auf den Boden fallen. Er kann dabei kaputtgehen.

   b) Dein Füller kann nur schreiben, wenn er Tinte enthält. Denke auch an Ersatzpatronen.

   c) Leih deinen Füller nicht aus, denn seine Feder passt nur zu dir.

   d) Nach dem Schreiben gehört immer die Kappe auf die Feder. Dein Füller kann sonst eintrocknen.

2. Lies die Regeln aufmerksam.
   Schreibe an jedes Bild die Nummer der Regel.
   Präge dir die Regeln gut ein.

Halte einen kurzen Vortrag über deinen Füller. Nimm ihn mit nach vorne und zeige ihn dabei. Wenn dir so keine Geschichte über deinen Füller einfällt, kannst du auch eine der folgenden Fragen beantworten:

- Wie geht man mit einem Füller um?
- Wie hast du ihn bekommen?
- Was hast du schon alles mit deinem Füller erlebt?
- Wenn dein Füller sprechen könnte: Was würde er wohl über dich und dein Zimmer erzählen, als er zu dir gekommen ist?

Rund ums Buch

In der Buchhandlung
Momo sagt: „Ich möchte ein Buch für meinen Bruder.“ Die Buchhändlerin fragt: „Ein bestimmtes Buch?“ Momo antwortet: „Nein, kein bestimmtes Buch. Aber er interessiert sich für Ritter.“ „Dann ist er sicher älter als du“, vermutet die Buchhändlerin. Momo schüttelt den Kopf: „Nein, er ist erst fünf. Aber er interessiert sich für Ritter.“ Die Buchhändlerin fragt: „Kann er denn schon lesen?“ Momo sagt: „Er kann noch nicht lesen, aber er interessiert sich für Ritter.“ Die Buchhändlerin meint: „Na, dann suchen wir etwas, das du ihm vorlesen kannst. Sieh mal, wie findest du das?“ Sie zeigt Momo zuerst das Buch *Ritter Rost und das Gespenst*, dann noch *Ritter Rost macht Urlaub*.

- Wie könnte die Geschichte weitergehen?
- Kennt ihr die Bücher von Ritter Rost?
- Für welche Bücher interessiert ihr euch? Wonach würdet ihr fragen? Vielleicht lasst ihr euch selbst mal in einer Buchhandlung oder Bücherei beraten.
- Stellt ein Buch vor, das euch gut gefällt. Wovon handelt es? Wer ist die Hauptfigur? Wann und wo spielt die Geschichte? Was erleben die Hauptfiguren? Warum gefällt euch das Buch gut? Bringt das Buch zum Vortrag mit und zeigt es. Vielleicht lest ihr auch eine Stelle, die euch besonders gut gefällt, den anderen vor.
- Spielt ein Beratungsgespräch aus einer Buchhandlung oder Bücherei vor. Ihr könnt das Gespräch auch als kleines Finger-Theaterstück vorführen.

Theater in der Streichholzschachtel

Der Zeigefinger erhält mit Schminkstiften Augen, Nase, Mund – und schon ist daraus ein lustiger Kerl geworden, der den Zuschauern zunickt, seine Späße macht und die Kinder in Gespräche verwickelt. Lassen wir ihn jetzt in eine Streichholzschachtel schlüpfen, dann wird er Lieder singen, Geschichten erfinden, Quatsch machen. Sollte er übermütig werden, schieben wir kurzerhand die Schachtel zu. Wahrscheinlich singt der kleine Kerl auch noch in der Schachtel weiter.
Wenn er beim nächsten Mal seinen Freund mitbringt, dann ist was los! Mit einer hohen und einer tiefen Stimmlage reden und fragen und lachen die beiden miteinander – und die Kinder werden kichernd vor der kleinen Bühne sitzen und mitmachen.

Bühnenbau
Die Schublade der Streichholzschachtel wird herausgenommen und eine Schmalseite weggeschnitten. Für Kinderhände sollte die Schachtelhülle um 1 bis 2 cm gekürzt werden. Wer will, kann seine Theaterbühne bunt bekleben.
Die Finger sind die kleinen Schauspieler, sie können zu zweit auf der Bühne erscheinen, gerade richtig für ein lustiges Zwiegespräch. Die Gesichter werden mit Schminkstiften gemalt.

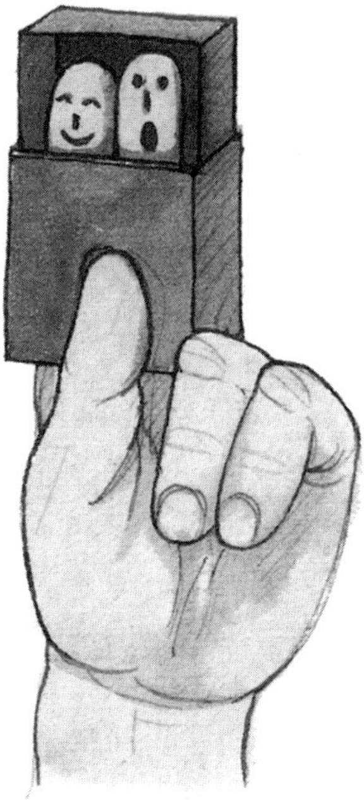

Vielleicht spielt ihr so einen Witz vor, z. B.:

Tim ärgert Marco: „Wer macht diese Äpfel, die manchmal auf der Straße liegen und die die Gärtner als Dünger benutzen?“ – „Das Pferd.“ – „Genau. Aber von wem stammen die Fladen, die auf Wiesen und Dorfstraßen liegen?“ – „Von Kühen.“ – „Und wer liefert die kleinen braunen Kügelchen, die man im Wald findet?“ – „Mann, die Kaninchen.“ – „Stimmt – und wie heißt der höchste Berg in den Anden?“ – „Weiß ich nicht.“ – „Hab' ich mir doch gedacht. Mit dir kann man nur über Mist reden!“

Sprichwörter und Redensarten

Was bedeuten sie? Ordnet zu.

Bis dahin läuft noch viel Wasser den Rhein hinunter.	gerissen sein, alle Tricks kennen
das Fass zum Überlaufen bringen	Jemand ist äußerlich ruhig und zurückhaltend, aber überraschend, wenn man ihn näher kennen lernt.
Stille Wasser sind tief.	Jemanden richtig wütend machen
mit allen Wassern gewaschen sein	Bis dahin vergeht noch viel Zeit.

Überlegt, zu welchen Situationen, die ihr schon einmal erlebt oder gehört habt, diese Sprichwörter und Redensarten passen. Erzählt eine solche Geschichte und verwendet dabei das Sprichwort oder die Redensart. Begründet, warum es auf diese Situation gut passt.

Weitere Beispiele für Redensarten findet ihr in der Zeichnung. Ordnet die Nummern den Redensarten zu. Habt ihr sie schon einmal gehört? Was bedeuten sie? Sucht euch dazu Beispielgeschichten und tragt sie vor.

- ☐ ☐ ein paar Schrauben locker haben
- ☐ ☐ für jemanden die Kastanien aus dem Feuer holen
- ☐ ☐ für jemanden etwas ausbaden
- ☐ ☐ jemandem das Messer an die Kehle setzen
- ☐ ☐ jemandem ein X für ein U vormachen
- ☐ ☐ jemandem eine Grube graben (Sprichwort)
- ☐ ☐ jemandem etwas auf die Nase binden
- ☐ ☐ jemandem Sand in die Augen streuen
- ☐ ☐ jemanden auf den Arm nehmen
- ☐ ☐ jemanden hinters Licht führen
- ☐ ☐ nicht alle Tassen im Schrank haben
- ☐ ☐ sich etwas hinter die Ohren schreiben
- ☐ ☐ sich ins Fettnäpfchen setzen
- ☐ ☐ sich ins gemachte Nest setzen

Ihr könnt auch ein Ratespiel machen: Ihr erzählt eine Beispielgeschichte und lasst die anderen raten, welche Redensart dazu passt.

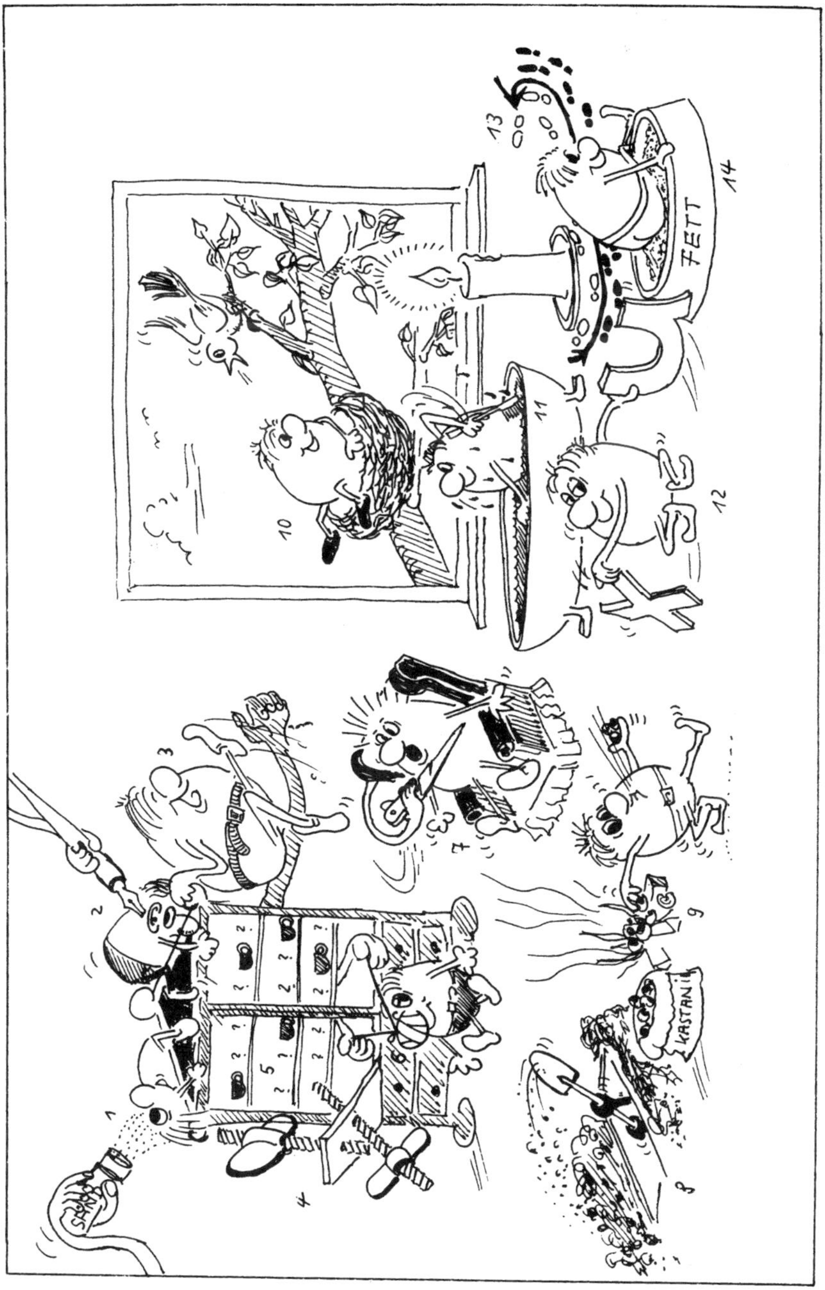
FETT
KASTANI

Fünf Freunde – ein Logik-Rätsel

- Alle Schüler, die wie Harry in der Ortsmitte wohnen, gehen jeweils in die a-Klasse der Jahrgangsstufe.
- Beide Mädchen sind in der Klassenstufe 3. Sie besuchen nicht dieselbe Klasse und beide sind auch nicht mit Harry in einer Klasse zusammen.
- Das Mädchen, das Fußball spielt, mag am liebsten Pizza essen.
- Der Junge aus Klasse 4 a isst am liebsten Brathähnchen.
- Der Schüler aus der 4 a geht immer Schwimmen.
- Der Tennisspieler hat Spaghetti als Lieblingsgericht.
- Die Freundin von Elsa betreibt Leichtathletik.
- Die fünf Freunde heißen Harry, Elsa, Peter, Mia und Tim.
- Harry ist in Jahrgangsstufe 3 und wohnt in der Ortsmitte.
- Mia besucht eine c-Klasse.
- Nach dem Radrenntraining fährt Harry am liebsten zur Eisdiele, um sich eine Riesenportion Eiscreme zu gönnen, seine Lieblingsspeise.
- Nach dem Tennistraining kommt Peter immer am Fußballplatz vorbei, dort trifft er dann Elsa, deren Training zur selben Zeit aus ist.
- Mia isst am liebsten Obstsalat.
- Peter besucht eine b-Klasse, und zwar in derselben Jahrgangsstufe wie Tim.
- Tim wohnt wie Harry in der Ortsmitte und geht in eine 4. Klasse.

Findet gemeinsam im Gespräch heraus: Wer von den fünf Freunden geht in welche Klasse? Wer betreibt welchen Sport und hat welche Lieblingsspeise? – Wenn ihr gemeinsam eine Tabelle anlegt, könnt ihr die Informationen gut sortieren:

Name					
Klasse					
Sportart					
Lieblingsessen					

Berichtet gemeinsam: Einer stellt z. B. die Lösung dar, ein anderer beschreibt, wie ihr vorgegangen seid. Weitere Sprecher begründen einzelne Fragen wie: Warum stimmt es nicht, dass Peter und Harry zum Fußballtraining gehen? Oder: Warum stimmt es nicht, dass Tim und Harry in dieselbe Klasse gehen? Warum stimmt es nicht, dass Mia immer zum Schwimmen geht?

Die Fernsehdiskussion

Heute das Thema: **Haustiere in der Stadt**

Im Studio die Experten: Frau Prof. Kraut
Herr Dr. Biologos
Frau Dr. Linde
Herr Dr. Eich

Moderation und Befragung: Die Fernsehreporterin Stella Macher

Bereitet die Fernsehdiskussion in Gruppen vor:

a) Sammelt Material zu dem Thema. Sucht in unterschiedlichen Quellen Informationen über die Haltung von Haustieren (z. B. Hunde, Katzen, Vögel, Fische).

b) Ordnet die Stichpunkte so, dass ihr zu Beginn der Diskussion einen Beitrag zur Eröffnung vortragen könnt. Überlegt, ob ihr dafür oder dagegen sprechen wollt. Wie könnt ihr eure Position begründen? Überlegt auch, wie ihr die Vorträge lebendig und anschaulich gestalten könnt.

c) Überlegt euch (kritische) Fragen, die ihr den anderen Teilnehmer/innen stellen wollt.

Führt die Diskussion durch (Dauer: 10 bis 15 Minuten) und nehmt sie auf Video auf. Die Moderatorin leitet das Gespräch. Sie eröffnet es mit einer Begrüßung, stellt das Thema vor und erteilt das Wort. Sie kann auch Fragen der Zuschauer einbeziehen. Zum Schluss dankt sie den Teilnehmer/innen und beendet die Diskussion.

Besprecht gemeinsam, wie die Diskussion gelaufen ist. Wie gut konntet ihr zuhören? Warum? Wer hat seine Position klar und interessant vertreten? Wurden alle Fragen gut beantwortet?

Weitere Themen für solche Fernsehdiskussionen könnten z. B. sein: Müllvermeidung, Lärmschutz, gesunde Ernährung oder: Soll man einem Sportverein beitreten? Welche Themen interessieren euch sonst noch?

Fachliteratur

ADORNO, TH. W. (1971): Kritik. Kleine Schriften zur Gesellschaft. Suhrkamp, Frankfurt/M.

BAHMER, L. (1994): Didaktik. In: UEDING, G. (Hg.): Historisches Wörterbuch der Rhetorik. Bd. 2, Tübingen, 736–748

BARTSCH, E. (1979): Grundkomponenten mündlicher Textproduktion. In: Praxis Deutsch, Heft 33, 9

BARTSCH, E./MARQUART, T. (1999): Grundwissen Kommunikation. Klett, Stuttgart

BERTHOLD, S. (1980): Möglichkeiten und Grenzen der Fünfsatzmethode in der Gesprächs- und Redepädagogik. In: BERTHOLD, S. (Hg.): Grundlagen der Sprecherziehung. Schwann, Düsseldorf, 81–102

BERTHOLD, S. (1993): Reden lernen. Übungen für die Sekundarstufe I und II. Cornelsen Scriptor, Frankfurt/M.

BREMERICH-VOS, A. (1991): Populäre rhetorische Ratgeber. Historisch-systematische Untersuchungen. Narr, Tübingen

BÜHLER, K. (1934/1982): Sprachtheorie. Fischer, Jena; unveränderter Nachdruck 1982, Fischer, Stuttgart

BÜNTING, K.-D./PABST-WEINSCHENK, M. (1999): Besser schreiben & reden. Überzeugende Briefe, gelungene Reden, mit Profi-Tipps für Beruf und Freizeit. Neuer Honos Verlag, Köln

DRACH, E. (1922): Sprecherziehung. Zur Pflege des gesprochenen Wortes in der Schule. Diesterweg, Frankfurt/M.

DRACH, E. (1926): Die redenden Künste. Quelle & Meyer, Leipzig

DRACH, E. (1932): Redner und Rede. Bott, Berlin

DRACH, E. (1937): Grundgedanken der deutschen Satzlehre. Diesterweg, Frankfurt/M.

EGGERS, D. (1996): Hörverstehen: Bestandsaufnahme und Perspektiven. In: P. KÜHN: Hörverstehen im Unterricht Deutsch als Fremdsprache. Lang, Frankfurt/M., 13–39

FESTINGER, L. (1971): Die Lehre von der „kognitiven Dissonanz“. In: SCHRAMM, W. (Hg.): Grundfragen der Kommunikationsforschung. 4. Aufl., Juventa, München, 27–38

GALPERIN, P. J. (1980): Zu Grundfragen der Psychologie. Übers. v. Krüger, K.; Köln (russ. Original: Moskau 1976)

GEIßLER, E. (1914, ²1918): Rhetorik. 2. Teil: Deutsche Redekunst. Teubner, Leipzig, Berlin (= Aus Natur und Geisteswelt 456)

GEIßNER, H. (1968): Der Fünfsatz. Ein Kapitel Redetheorie und Redepädagogik. In: Wirkendes Wort, 1968, Heft 4, 258–278

GEIßNER, H. (1979): Rhetorische Kommunikation. Basisartikel. In: Praxis Deutsch. Heft 33, 10–21

GEIßNER, H. (1981): Sprechwissenschaft. Theorie der mündlichen Kommunikation. Scriptor, Königstein/Ts.

GEIßNER, H. (1982): Sprecherziehung. Didaktik und Methodik der mündlichen Kommunikation. Scriptor, Frankfurt/M.

GEIßNER, H. (1984): Über Hörmuster. In: N. GUTENBERG (Hg.): Hören und Beurteilen. Scriptor, Frankfurt/M., 13–56

GEIßNER, H. (1994): Über die Anfänge der Sprechkunde. Maritas Drach-Legende. In: sprechen I/94, 34–47

GEIßNER, H. (1995): Die Deutschkunde, die Richtlinien und die Psychotechnik. Erich Drachs Weg ins „Dritte Reich“. In: sprechen I/95, 47–58

GEIßNER, H. (1997): Wege und Irrwege der Sprecherziehung. Personen, die vor 1945 im Fach anfingen, und was sie schrieben. Röhrig, St. Ingbert
GRICE, H. P. (1979): Logik und Konversation. In: MEGGLE, G. (Hg.): Handlung, Kommunikation, Bedeutung. Suhrkamp, Frankfurt/M., 243–265
GUTENBERG, N. (1988): Sprechdenken – Hörverstehen – Leselehre. Überlegungen aus sprechwissenschaftlicher Sicht. In: Informationen Deutsch als Fremdsprache, 15, 1, 3–24
GUTENBERG, N. (2001): Einführung in die Sprechwissenschaft und Sprecherziehung. Lang, Frankfurt/M.
GUTENBERG, N./MÖNNICH, A. (für die Wissenschaftskommission der DGSS, 2003): Stimm-Screening und Prophylaxe von Stimmstörungen. DGSS Memorandum „Sprecherziehung in der Lehrerausbildung". In: ANDERS, L. C./HIRSCHFELD, U. (Hg.): Sprechsprachliche Kommunikation. Probleme, Konflikte, Störungen. Hallesche Schriften zur Sprechwissenschaft und Phonetik, Bd. 12. Lang, Frankfurt/M., 97–109
GUTJAHR, B./KYRITZ, J. (1985): Neuere Ergebnisse zur Psychologie der Textverarbeitung und ihre Implikationen für die Entwicklung des Hörverstehens in der fachbezogenen Fremdsprachenausbildung. In: Wissenschaftliche Zeitschrift der Humboldt-Universität zu Berlin, Jg. 1985, 227–230
HAASE, O. (1953): Über das Gespräch. In: Westermanns Pädagogische Beiträge, 1953, 169–171
HABERMAS, J. (1971): Vorbereitende Bemerkungen zu einer Theorie der kommunikativen Kompetenz. In: HABERMAS, J./LUHMANN, N.: Theorie der Gesellschaft oder Sozialtechnologie. Suhrkamp, Frankfurt/M.
HELLPACH, W. (1951): Sozialpsychologie. Enke, 3. Aufl., Stuttgart
HÖRMANN, H. (1976): Meinen und Verstehen. Suhrkamp, Frankfurt/M.
JANIS, I. L. (1971): Persönlichkeitsstruktur und Beeinflußbarkeit. In: SCHRAMM, W. (Hg.): Grundfragen der Kommunikationsforschung. 4. Aufl., Juventa, München, 71–83
JENS, W. (1983): Von deutscher Rede. Erweiterte Neuausgabe, Piper, München
KENDON, A. (1980): Gesticulation and Speech: Two aspects of the Process of Utterance. In: KEY, M. R. (Ed.): The Relationship of Verbal and Nonverbal Communication. Mouton, The Hague, 207–228
KLEIST, H. VON (1805/06): Über die allmähliche Verfertigung der Gedanken beim Reden. An R[ühle] v[on] L[ilienstern]. In: Ders.: Anekdoten. Kleine Schriften. München: dtv 1964, 53–58
LANGER, I./SCHULZ VON THUN, F./TAUSCH, R. (1974, ^{7}2002): Sich verständlich ausdrücken. 7. verbesserte Aufl., Reinhardt, München (1. Aufl. 1974)
LAUSBERG, H. (1960): Handbuch der literarischen Rhetorik. 2 Bde. Hueber, München
LEMKE, S. (2003): Stimmliche und sprecherische Auffälligkeiten Studierender. In: ANDERS, L. C./HIRSCHFELD, U. (Hg.): Sprechsprachliche Kommunikation. Probleme, Konflikte, Störungen. Hallesche Schriften zur Sprechwissenschaft und Phonetik, Bd. 12. Lang, Frankfurt/M., 193–200
LEONT'EV, A. A. (1975): Psycholinguistische Einheiten und die Erzeugung sprachlicher Äußerungen. Akademie-Verlag, Berlin
LEVELT, W. J. M. (1989): Speaking. From Intention to Articulation. Massachusetts Institute of Technology, Cambridge
LURIJA, A. R. (1982): Sprache und Bewußtsein. Volk und Wissen, Berlin
MCNEILL, D. (1992): Hand and Mind. The Chicago University Press, Chicago/London
MCNEILL, D. (1997): Growth points cross-linguistically. In: J. NUYTS & E. PEDER-SON (Eds.): Language and conzeptualization. Cambridge University Press, 190–212

MEYER, H. (1994): Unterrichtsmethoden. Bd. 1. Cornelsen Scriptor, Frankfurt/M.
NEBE-RIBAKI, U. (1994): Hörverstehen in der Fremdsprache. In: D. EGGERS (Hg.): Hörverstehen. Mainz (= Erwachsenengemäßes Lehren und Lernen einer Fremdsprache – Sprachandragogik 42), 55–76
NEUF-MÜNKEL, G. (1988): Hörverstehen. In: D. EGGERS (Hg.): WEGE. Lehrerhandbuch. Hueber, Ismaning, 13–25
PABST-WEINSCHENK, M. (1991): „Von der Rede zum Gespräch". Zur Didaktik der rhetorischen Kommunikation in der Erwachsenenbildung. In: LÜSCHOW, F./PABST-WEINSCHENK, M. (Hg.): Mündliche Kommunikation als kooperativer Prozeß. Festschrift für Elmar Bartsch. Lang, Frankfurt/M., 42–54
PABST-WEINSCHENK, M. (1993a): Die Konstitution der Sprechkunde und Sprecherziehung durch Erich Drach. Faktenfachgeschichte 1900 bis 1935. Westarp, Magdeburg, Essen
PABST-WEINSCHENK, M. (1993b): Erich Drachs Konzept der Sprechkunde und Sprecherziehung. Ein Beitrag zur Geschichte der Sprechwissenschaft. Westarp, Magdeburg, Essen [zugl. Duisburg Diss.]
PABST-WEINSCHENK, M. (1993c): Kranke LehramtsstudentInnen? In: Sprache – Stimme – Gehör. Stuttgart (Thieme), 17, 59–64
PABST-WEINSCHENK, M. (1994): Zum Verständnis der Sprecherziehung heute: Didaktik der mündlichen Kommunikation. In: Wirkendes Wort. Deutsche Sprache und Literatur in Forschung und Lehre. Bonn (Bouvier), 44. Jg., Heft 3, 498–512
PABST-WEINSCHENK, M. (1994a): Zur Geschichte der Sprechwissenschaft – Antwort auf Hellmut Geißners Scheindiskurs. In: sprechen, Heft II/94, 46–72
PABST-WEINSCHENK, M. (1994b): Sprechwissenschaft und Sprecherziehung an den Universitäten in NRW aus der Sicht einer betroffenen Dauer-Lehrbeauftragten. In: Diskussion Deutsch. Frankfurt/M. (Diesterweg), 25. Jg., Heft 139, 347–349
PABST-WEINSCHENK, M. (1995): Reden im Studium. Ein Trainingsprogramm. Cornelsen Scriptor, Frankfurt/M.
PABST-WEINSCHENK, M. (1995a): Ein Lehrstück von Kritik-, Konflikt- und Verantwortungsfähigkeit? In: sprechen, Heft I/95, 32–41 und Heft II/95, 68 f.
PABST-WEINSCHENK, M. (1996): Anfänge der Sprecherziehung in Deutschland. In: SEIFFERT, C./HASENKAMP, J./PABST-WEINSCHENK, M./KORTE, P.: Sprechkultur und Sprecherziehung in Münster. Zur Geschichte des Lektorates für Sprecherziehung und Vortragskunst im Spannungsfeld von Theater und Universität. Lit, Münster, 73–94
PABST-WEINSCHENK, M. (1998): Mündlich argumentieren. Praktische Rhetorik für die Schule. In: J. DYCK/W. JENS/G. UEDING (Hg.): Rhetorik. Ein Jahrbuch. Bd. 17: Rhetorik in der Schule. Tübingen, 106–133
PABST-WEINSCHENK, M. (1998a): Gut argumentiert ist halb gewonnen. Diskutieren lernen. In: KRUSE, O. (Hg.): Handbuch Studieren. Campus, Frankfurt/M., 224–237
PABST-WEINSCHENK, M. (2000): Die Sprechwerkstatt. Sprech- und Stimmbildung in der Schule. Westermann, Braunschweig
PABST-WEINSCHENK, M. (2000a): Kombinieren wie die Detektive. Unterrichtsanregungen zum logischen Schlussfolgern. In: Praxis Deutsch, Heft 160, 30–34
PABST-WEINSCHENK, M. (2003): Geschichte der Sprech- und Gesprächsdidaktik. In: U. BREDEL/H. GÜNTHER/P. KLOTZ/J. OSSNER/G. SIEBERT-OTT (Hg.): Didaktik der deutschen Sprache – in Handbuch. 1. Teilband. Schöningh, Paderborn, 93–106
Pabst-Weinschenk, M. (2003a): Probleme beim Sprechdenken? Sprechwissenschaftliche Überlegungen zu einem rhetorischen Grundbegriff. In: ANDERS, L. C./HIRSCHFELD, U. (Hg.): Sprechsprachliche Kommunikation. Probleme, Konflik-

te, Störungen. Hallesche Schriften zur Sprechwissenschaft und Phonetik, Bd. 12. Lang, Frankfurt/M., 259–269
Pabst-Weinschenk, M. (2003b): Förderung der Rede- und Gesprächskompetenz in einem Grundseminar zur Sprach- und Literaturvermittlung. In: Knauf, H./Knauf, M. (Hg.): Schlüsselqualifikationen praktisch. Veranstaltungen zur Förderung überfachlicher Qualifikationen an deutschen Hochschulen. Bertelsmann, Bielefeld (Reihe Blickpunkt Hochschuldidaktik, hg. v. der Arbeitsgemeinschaft für Hochschuldidaktik [AHD], Bd. 111), 183–200
Pabst-Weinschenk, M. (2004): Hörverstehen und Sprechdenken. In: Pabst-Weinschenk, M. (Hg.): Grundlagen der Sprechwissenschaft und Sprecherziehung. Reinhardt, München
Pabst-Weinschenk, M. (2004a): Bildungsstandards Mündliche Kommunikation. In: Gutenberg, N. (Hg.): Sprechwissenschaft und Schule. Reinhardt, München (in Vorbereitung)
Plett, H. F. (Hg., 1977): Rhetorik. Kritische Positionen zum Stand der Forschung. Fink, München
Prange, K. (1983): Bauformen des Unterrichts. Bad Heilbrunn
Ruiter, J. P. de (1998): Gesture. Max-Planck-Institut für Psycholinguistik, Nimwegen
Schanze, H. (1974, Hg.): Rhetorik. Beiträge zu ihrer Geschichte in Deutschland vom 16.–20. Jahrhundert. Fischer Athenäum, Frankfurt/M.
Stelzig, H. et. al. (Hg., 1976, ^{3}1982): Einführung in die Sprechwissenschaft. VEB, Leipzig
Stock, E. (1996): Text und Intonation. In: Sprachwissenschaft, 21, 2, 211–240
Stock, E. (2001): Sprech- und sprachwissenschaftliche Ansätze zur Erklärung der Artikulationsabläufe. In: S. Lemke (Hg.): Sprechwissenschaftler/in und Sprecherzieher/in. Eignung und Qualifikation. Reinhardt, München 2001, 62–67
Stöcker, K. (1970): Neuzeitliche Unterrichtsgestaltung. 13., neu bearbeitete Aufl., München
Tucholsky, K. (1930): Ratschläge für einen schlechten Redner. Ratschläge für einen guten Redner. In: Gesammelte Werke. Bd. 8, Rowohlt, Reinbek 1960, 290–292
Wachtel, S. (1997, ^{3}2003): Schreiben fürs Hören. Trainingstexte, Regeln, Methoden. UVK Medien, Konstanz
Wagner, R. W. (1983): Zeichnen und Sprechen. In: sprechen, Heft 1, 32–39
Watzlawick, P. (1976): Wie wirklich ist die Wirklichkeit? Piper, München
Winkler, C. (^{2}1969): Deutsche Sprechkunde und Sprecherziehung. Schwann, Düsseldorf
Wygotski, L. S. (1934/1977): Denken und Sprechen. Fischer, Frankfurt/M.
Zellerhoff, R. (2001): Zuhören lernen. In: Lemke, S. (Hg.): Sprechwissenschaftler/in und Sprecherzieher/in. Eignung und Qualifikation. Reinhardt, München, 123–127

Lösungen

S. 98: Eine Taufe mit Hindernissen: Reihenfolge: 7 – 3 – 6 – 2 – 9 – 5 – 8 – 4
Nachricht: ***Kind nach der Tauffeier beinahe im Schlamm erstickt***

- *Till von Ützen zu Ambleben hat gestern das Kind der Familie Eulenspiegel aus Kneitlingen aus der Taufe gehoben. Die Taufgesellschaft hat anschließend auf den kleinen Till in der Herberge angestoßen.*
- *Auf dem Rückweg nach Kneitlingen mussten alle Gäste einen schlüpfrigen Steg überqueren. Dabei kam die Kindsfrau ins Schwanken und fiel mit dem Kind in das schlammige Gewässer. Unter großem Gelächter konnten beide heil aus dem Morast geborgen werden.*
- *Zu dem Unfall kam es wahrscheinlich, weil die Kindsfrau bei der Tauffeier wie alle Gäste zu viel Bier getrunken hatte, so dass sie nicht mehr gerade laufen konnte.*
- *Die Mutter des Kindes betrachtet den Vorfall mit Humor: Sie sagt nun, ihr Till sei dreimal getauft worden: zuerst in der Kirche zu Ambleben, dann im Morast und schließlich daheim im Waschzuber.*

S. 106: Fünf Freunde – ein Logik-Rätsel

Name	Harry	Elsa	Peter	Mia	Tim
Klasse	3 a	3 c	4 b	3 b	4 a
Sportart	Radrennen	Fußball	Tennis	Leichtathletik	Schwimmen
Lieblingsessen	Eis	Pizza	Spaghetti	Obstsalat	Brathähnchen

Quellen der Kopiervorlagen

S. 84: Zeichnung von Antje Kahl – S. 85: Bild aus: Westermann für die Grundschule. 2. Schuljahr. Erarbeitet von Erwin Schwartz. Bilder von Rolf und Margret Rettich. Braunschweig 1969, 20 – S. 86: Bilder aus: Friedrich Metze: Pepino. Sprachfördermaterialien für den Kindergarten, Vorschule und Grundschule. Cornelsen, Berlin 2003, 78 – S. 87: Bilder aus: Jo-Jo Arbeitsheft 2. Cornelsen, Berlin 2004, 19 – S. 88/89: Zeichnungen von Antje Kahl – S. 90: Bilder aus: Jo-Jo Arbeitsheft 2. Cornelsen, Berlin 2004, 20 – S. 91: Aus: Westermann für die Grundschule. 3. Schuljahr. Erarbeitet von Erwin Schwartz. Bilder von Rolf und Margret Rettich. Braunschweig 1970, 15 – S. 92/93: Bilder aus: Steffi Hundertpfund: Rezepte in Bildern. 2., neu bearbeitete und erweiterte Auflage, Günther Storch Verlag, Stockach 2004 – S. 94: Karte: Archiv Cornelsen Verlag, Berlin – S. 95: Bilder aus: Westermann für die Grundschule. 2. Schuljahr. Erarbeitet von Erwin Schwartz. Bilder von Rolf und Margret Rettich. Braunschweig 1969, 45, 44, 49; Jo-Jo Arbeitsheft 2. Cornelsen, Berlin 2004, 24 – S. 96: Text: James Krüss (Hg.): So viele Tage, wie das Jahr hat. Bertelsmann Jugendbuchverlag. Reinhard Mohn, Gütersloh 1959; Zeichnung von Antje Kahl – S. 98: Text: Volksgut. Übertragung aus der kritischen Textausgabe von Willy Krogmann. Neumünster 1952. Zitiert nach: Westermann Lesebuch für die Grundschule. 2. Schuljahr, Braunschweig 1968, 76; Zeichnung von Antje Kahl – S. 100: Bild aus: Lesestart. Arbeitsheft Sachunterricht für das 1. Schuljahr. Cornelsen, Berlin 2004, 34; Zeichnung von Antje Kahl – S. 101: Aus: Jo-Jo Arbeitsheft 2. Cornelsen, Berlin 2004, 1 – S. 102: Text: Sprachreise. Arbeitsheft 3. Cornelsen, Berlin 2004, 36; Zeichnung von Antje Kahl – S. 103: Aus: Susanne Stöcklin-Meier: Spielen und Sprechen. Nachbearbeitung von Gisela Walters. Illustrationen Lisa Gangwisch. © 1995 Verlag pro juventute, an imprint of Orell Füssli Verlag AG, Zürich, 42 – S. 105: Zeichnung von J. und H. Steinert, G. und O. Heisig, 1976